AF221884

Biografie Smolle Smolinski

Geboren 1965 im Vest Recklinghausen. Verlebt eine meist sorgenfreie Kindheit im Schatten der Knappschaft. Studiert ab 1987 im Schatten des Prinzipalmarkts. Arbeitet elf Jahre im Dunkeln. Zieht 2003 ins Zentrum des Strontianitbergbaus, wo er auch gegenwärtig sein meist sorgenfreies Mittelalter verlebt. Plant, noch viele Bücher zu veröffentlichen.

smolle-smolinski.de

Schon erschienen: Das Quizbuch vom Wilden Westen

Smolle Smolinski

Das Quizbuch
des Unheimlichen

Bibliografische Information der Deutschen Nationalbibliothek:
Die Deutsche Nationalbibliothek verzeichnet diese Publikation
in der Deutschen Nationalbibliografie, detaillierte bibliografische
Daten sind im Internet über http: //dnb.dnb.de abrufbar.

Herstellung und Verlag:
BoD – Books on Demand, Norderstedt

ISBN: 9783755700531

Einleitung

Nach dem erdrutschartigen Erfolg meines „Quizbuch vom Wilden Westen" konnte ein ähnlich geartetes Werk kaum ausbleiben. Persönlichen Vorlieben folgend, geht es nun um das „Unheimliche", im konkreten Fall um alles, was in Literatur, Film und anderen Medien als Grusel oder Horror bezeichnet wird, sowie um die tatsächlichen oder doch eher eingebildeten Ursprünge und Auswirkungen in Geschichte und Gegenwart; also um Teufel, Dämonen, Geister, Vampire und verwandte Gestalten aus Religion, Volksglaube und deren Ausprägung in den Medien. Die anderen großen Teilbereiche des Phantastischen, Science-Fiction und Fantasy, bleiben weitgehend ausgeklammert; sie werden mittelfristig Gegenstände weiterer Quizbücher werden. Das „Quizbuch vom Wilden Westen" behandelt sein historisch belegtes Thema chronologisch, wobei immer wieder Fragen zu Film und anderen Medien eingestreut wurden. Da dieses Verfahren im aktuellen Fall naturgemäß nicht möglich ist, ist der Anteil von Literatur und vor allem Film in diesem Band entsprechend höher.

Regeln

Natürlich gehören auch zu einem Quizbuch einige Regeln:
Dabei orientiere ich mich am üblichen Standard der internationalen Quizzes.

Die Rechtschreibung ist zweitrangig, lediglich die Aussprache sollte korrekt sein (Sollte die Lösung „Sepp Maier" lauten, so würden auch „Sepp Meier" oder „Sepp Meyer" als richtige Antwort gelten).

Sollte nach Personen gefragt werden, genügt als Antwort der Nachname (sofern nicht anders angegeben). Wird ein falscher Vorname hinzugefügt, gilt die gesamte Antwort als falsch (Wer also „Sepp" oder „Josef" Maier schreibt, bekommt den Punkt, bei „Johannes" oder „Nepomuk" Maier eben nicht).

Wenn ein Filmtitel gefragt ist, zählt grundsätzlich der Originaltitel genau wie jeder deutsche Verleihtitel als richtige Antwort; in den Lösungen ist allerdings der gebräuchliche deutsche Titel angegeben.

Um die Nerven der Leserschaft nicht mit der endlosen Wiederholung von Formulierungen wie „Wie ist der Name?" oder „Wie lautet der Begriff?" zu strapazieren, habe ich oft auf ebendiese verzichtet. Stattdessen findet sich nach der mehr oder minder umfangreich ausformulierten Frage in Klammern eine kurze Definition der erwarteten Antwort.

Und nun: Viel Spaß und gutes Gelingen; wer alle 283 Fragen richtig beantwortet, erreicht 334 Punkte!

Fragen

Das Böse als philosophische oder moralische Größe soll uns höchstens am Rande interessieren; unser Quiz beginnt mit der Personifikation des Bösen, also dem Teufel in allerlei Ausprägungen, wie er besonders im Christentum seit langer Zeit von Bedeutung ist. In der Bibel nicht eindeutig, zu späteren Zeiten schon: Luzifer als Synonym für den Satan. Was meint „Luzifer"? (*Bedeutung von Luzifer*)

Im Jahre 1979 war „Lucifer" ein instrumentaler Hit für eine Band, die nach dem früheren Produzenten Pink Floyds benannt ist. (*Name der Band*)

Unter dem Namen Mephistopheles war der Teufel in einer zweiteiligen Tragödie Johann Wolfgang von Goethes Gegenspieler und Versucher eines Gelehrten. Das Vorbild der Hauptperson hatte zu Beginn der Neuzeit tatsächlich im Süden Deutschlands als Wahrsager, Alchemist und Heiler gewirkt. (*Name des Gelehrten*)

In welcher Verkleidung erscheint Mephistopheles besagtem Gelehrten zu Beginn des ersten Teils der Tragödie? (*Verkleidung Mephistopheles´*)

„Mephisto" ist der Titel eines 1936 erschienenen Romans ohne fantastische Elemente von Klaus Mann, der oft als Schlüsselroman gedeutet wird. Erzählt wird die Geschichte des Theaterschauspielers Hendrik Höfgen und seines Aufstiegs zum Star während des Dritten Reichs mit Unterstützung und Billigung des Nazi-Regimes. Welcher reale Schauspieler und Regisseur wurde so porträtiert? (*Name des Schauspielers*)

In der gleichnamigen Verfilmung aus dem Jahr 1981 wurde Hendrik Höfgen von einem österreichischen Mimen dargestellt, der später als Bond-Schurke Furore machte. (*Name des Österreichers*)

Selbst im Universum der „Marvel"-Comics und -Filme macht Mephistopheles seinen Einfluss geltend: Er schickt seinen Kopfgeldjäger aus, der nahezu unverwundbar ist und sich mithilfe eines Motorrades fortbewegt. (*Name der Comic-Figur*)

Ein weiteres Synonym für den Satan ist „Beelzebub", vermutlich eine Verballhornung des ursprünglichen Namens einer heidnischen Gottheit; die deutsche Bedeutung Beelzebubs ist gleichfalls der Titel eines aus dem Schulunterricht bekannten Werkes von Literaturnobelpreisträger William Golding. (*Deutsche Bedeutung von Beelzebub*)

Und damit gelangen wir schon zum Erscheinungsbild des Teufels in den Künsten: Ein niederländischer Renaissancemaler, der sich nach seiner Heimatstadt benannte, schuf ein eigenwilliges Werk, in dem viele Fabeltiere und dämonische Geschöpfe auftauchen. Die Symbolik seiner Bilder gibt Raum für vielfältige Spekulationen. (*Name des Malers*)

Der Garten der Lüste, Hölle, Detail

9

Wie jeder ordentliche Religionsstifter, Reformator und sonstige Heilige wurde auch Martin Luther beständig vom Teufel in Versuchung geführt. Während seines Aufenthaltes auf der Wartburg soll er der Legende nach sogar etwas nach dem ihn bedrängenden Höllenfürsten geworfen haben. (*Wurfgeschoss Martin Luthers*)

Kaum verklausuliert taucht der Teufel als „Louis Cyphre" in einem Roman von William Hjortsberg auf, wie in einem weiteren Roman von James Krüss (diesmal als „Baron Lefuet"). Wie heißen die Werke, in deren Verfilmungen Robert De Niro und Horst Frank und später Justus von Dohnányi die teuflischen Gegenspieler der Protagonisten verkörperten? (*Titel der Romane von Hjortsberg und Krüss*)

Die 13-teilige Verfilmung des Krüss-Romans machte den damaligen Darsteller des Titelhelden zum Kinderstar. (*Name des Darstellers*)

Einer der gefeiertsten Dichter der Weltliteratur lässt in seinem Hauptwerk seinen Protagonisten durch die zehn Höllenkreise und damit Satans „Hauptarbeitsstelle" durch das Fegefeuer zum Paradies gelangen. (*Name des Werkes UND Name des Dichters*)

Durch dieses Werk beeinflusst wurden neben zahlreichen anderen Kreativen aller künstlerischen Teilgebiete ein österreichisch-ungarischer Komponist und ein amerikanischer Schriftsteller. Der eine, Schwiegervater Richard Wagners, schuf eine vom Werk des Dichters inspirierte Sinfonie, 1857 uraufgeführt; der zweite ließ seinen detektivischen Wissenschaftler Robert Langdon in dessen viertem Fall „Inferno" in Heimat und Lebensgeschichte des Dichterfürsten ermitteln. (*Namen des Komponisten UND des Schriftstellers*)

Im Roman „Die Elixiere des Teufels" (1816) begegnet uns heute das in der Phantastik beliebte Motiv des verbrecherischen Doppelgängers, der hier dem sündhaften Mönch Medardus nachstellt. Der Autor des Werkes war ein Schriftsteller der deutschen Romantik, dessen Arbeit vor allem im musikalischen Bereich seinen Niederschlag fand. Seinen Vornamen änderte er aus Verehrung des bewunderten W.A. Mozart. (*Name des Schriftstellers*)

Seine märchenhafte Erzählung „Nussknacker und Mausekönig" diente als Vorlage zu „Der Nussknacker", eines der meistaufgeführten Ballette der Welt. Komponist Pjotr Iljitsch Tschaikowski schenkte der tanzbegeisterten Welt noch zwei weitere gleichfalls oft gespielte Ballettmusiken nach Märchen. (*Titel eines der beiden Ballette*)

Michail Bulgakows nun zu erratendes Meisterwerk der russischen Literatur nimmt in oftmals satirischer Form Motive der Goetheschen Theaterstücke auf; Mephistopheles heißt in diesem Fall Voland. (*Name des Romans*)

Aldous Huxley erzählt 1952 in „Die Teufel von Loudon" eine Geschichte, geprägt von Hexenwahn, Inquisition und Exorzismus, inspiriert von tatsächlichen Geschehnissen im Frankreich des 17. Jahrhunderts. Schon 20 Jahre vorher brachte Huxley eine der gewichtigsten Anti-Utopien der Literaturgeschichte zu Papier. (*Titel des Romans*)

Ein 1933 geborener polnischer Komponist, dessen Oeuvre der avantgardistischen Musik zugeordnet werden kann, vertonte letztgenannten Roman 1969 als Oper. (*Name des Komponisten*)

„Sympathy for the Devil" zeigten zahlreiche Rockbands. Inspiriert von Bulgakows Roman entstand 1968 der gleichnamige Song, veröffentlicht von einer heute noch aktiven Band auf dem Album „Beggars Banquet". (*Name der Band*)

Ein ganzer Musikstil wurde nach Bands benannt, deren Songs textliche Bezüge zu Satanisten aufwiesen. Inzwischen ist diese nicht unumstrittene Spielart des Metal musikalisch recht genau definiert. (*Bezeichnung des Musikstils*)

Ein Vertreter dieses Genres, eine schwedische Band, benannte sich nach einer als „Blutgräfin" verschrienen Adeligen, die zu Beginn des 17. Jahrhunderts im damaligen Ungarn wegen „vielfachen" Mordes an jungen Mädchen immerhin zu lebenslänglichem Hausarrest verurteilt wurde. (*Name der Band*)

Schon im Neuen Testament spielt der Begriff des „Antichristen"
eine Rolle, der in späterer Zeit und vor allem in unserem
Themenbereich immer mehr als Synonym für den Teufel oder
dessen Nachkommen, als Gegenentwurf zum Messias,
verwendet wird. Dementsprechend wimmelt es in guten wie in
schlechten Romanen und Filmen von männlichen und manchmal
weiblichen Nachkommen Satans, deren Geburt oder
Volljährigkeit im Regelfall die Apokalypse einleiten oder sogar
vollenden. In „End Of Days" (1999) versucht ein Bodyguard,
gespielt von einem ehemaligen Mister Olympia und späteren US-
Gouverneur, die Zeugung Satans zur Jahrtausendwende zu
verhindern. (*Name des Darstellers*)

Gewissermaßen die „Mutter" aller satanischen Kinder erblickt
1967 das Licht der Welt: Ira Levins Roman wird im Jahr darauf,
unter der Regie von Roman Polanski, auch als Film ein
Bestseller. Entgegen der Beschreibung im Roman sieht es der
Zuschauer am Ende nicht, (*Titel des Films*), sondern lediglich die
Reaktion der Mutter auf den Anblick ihres Neugeborenen.

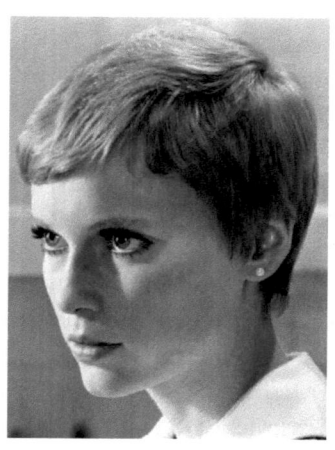

Der Produzent des Filmes war William Castle, der ein gutes Jahrzehnt lang mittelmäßigen Horror zu Ereignissen machte (oder dies zumindest angestrengt versuchte), indem er sie mit Gimmicks bewarb, die dann mehr oder weniger wirksam die Zuschauer vor oder während der Vorführungen verunsichern oder erschrecken sollten. Für welche drei Streifen hatte Castle folgende Einfälle (ein Titel genügt für den Punkt): Ein leuchtendes Skelett wird quer durch den Saal gezogen; eine „Schreckenspause" gibt ängstlichen Gemütern Zeit, sich in die Ecke für Feiglinge zurückzuziehen; Buzzer an zufällig ausgewählten Sitzen im Kinosaal sollen die Gäste zum Schreien animieren. (*Titel eines der drei Filme*)

Gute zehn Jahre später kommt der „Vater" aller satanischen Kinder auf die Leinwand: Der US-Botschafter Thorn tauscht sein totgeborenes Kind gegen ein Baby, das sich in den folgenden Lebensjahren als Sohn des Satans entpuppt, als mysteriöse Todesfälle in seiner Umgebung eine sehr hohe Quote erreichen. Der Film aus dem Jahr 1976 bringt es auf drei Fortsetzungen, ein Remake und eine TV-Serie. (*Titel des Films*)

Der auf den Namen Damien getaufte Satansbraten wird häufig von einem Hund begleitet, der im Verlauf der Handlung zusammen mit einigen Kumpels versucht, den Botschafter auf einem Friedhof zu meucheln. Welcher Rasse gehören die Hunde an? (*Rasse der Hunde*)

Ein wichtiges Erkennungsmerkmal für satanische Kinder kann ein Muttermal in Form einer dreistelligen Zahl sein, die schon in der Bibel als „Zahl des Tieres" mit dem Antichristen gleichgesetzt wird; „Aphrodite´s Child" benannten 1972 so eines ihrer Alben. (*Zahl des Tieres*)

Besondere Anerkennung sollte auch der oscarprämierte Soundtrack des Filmes finden, der mit „Ave Satani" einen echten Hit hatte. Der vielseitige Komponist hatte weitere Erfolge mit den Scores zu „Alien", „Basic Instinct" und „L.A. Confidential". (*Name des Komponisten*)

In „Little Nicky" (2000) hat der Teufel schon drei erwachsene Söhne; der Titelheld soll dabei das satanische Geschäft des Vaters übernehmen. Die Filmografie des am Drehbuch und der Produktion beteiligten Hauptdarstellers weist eine bemerkenswerte Variationsbreite von wüstem Fäkalhumor bis zu anspruchsvollen Komödien mit leiserem Witz auf. (*Name des Darstellers*)

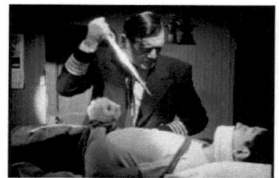

Auch die sechsteilige TV-Produktion „Good Omens" (2019) ist, wie schon der Film aus der vorherigen Frage, kein bierernst zu nehmendes Mitglied des Horror- und Fantasy-Genres; der diabolische Lauser wird versehentlich mit einem anderen Neugeborenen vertauscht. Dafür stehen in diesem Fall noch eindeutiger die Namen der Autoren des zugrundeliegenden Romans: Den einen kennt man vor allem für seine Geschichten aus der „Scheibenwelt", der zweite ist der Schöpfer von „Coraline" und „American Gods" (*Namen der Autoren*)

Zum Glauben an die Wiedergeburt eines satanischen Anti-Messias gehört wohl auch der entsprechende religiöse Unterbau: Die 1966 gegründete „Church of Satan" definiert gemäß der von ihrem Erfinder propagierten Leitsätze in der selbstverfassten „Satanischen Bibel" ein modernes und zeitgemäßes Bild des Satanismus. Der Mann mit dem erfundenen zackigen Namen, der wohl osteuropäisch (und daher geheimnisvoll?) klingen soll, war natürlich bis zu seinem Tode der erste Hohepriester seiner Kirche. (*Name des Kirchengründers*)

Im trashig geratenen „Nachts, wenn die Leichen schreien" (1975) fungiert derselbige als technischer Berater und chargiert (als Hohepriester!). Spannender ist es da schon, Hollywood-Stars der B-Kategorie beim Verdienen der nächsten Ratenzahlungen für ihre Villa zuzusehen, so William Shatner, Ernest Borgnine oder Ida Lupino. Bei seinem Debüt erblickt man einen Mann, der wenige Jahre später zu einer Attraktion der Disco-Welle wurde und zu Beginn der Neunziger durch Quentin Tarantino ein fulminantes Comeback erlebte. (*Name des Darstellers*)

Das Siegel der „Church of Satan" ziert das Symbol des Baphomet, dem im Laufe der vergangenen Jahrhunderte immer größerer dämonischer Belang zugeschrieben wurde. Besonders im Zusammenhang mit dem Prozess gegen einen mittelalterlichen Ritterorden wurde ihm eine wesentliche Rolle zuteil. Dieser Orden bildet häufig den historischen Rahmen im Horror- und Fantasy-Genre, so in Robert Langdons zweitem Abenteuer „Sakrileg" oder in der Computerspielserie „Assassin´s Creed". (*Name des Ritterordens*)

Auch in einer iberischen Filmproduktion des Jahres 1972 verbreiten die Angehörigen des Ordens Angst und Schrecken (aus heutiger Sicht ungetrübte Heiterkeit), wenn die unsterblichen blinden Skelettritter (die allerdings über ein echt gutes Gehör verfügen) auf ihren skelettierten Pferden ihre Opfer jagen und deren Blut trinken. (*Titel des Films*)

Eine okkulte Vereinigung, die sich OTO abkürzt, nimmt ebenfalls auf die gesuchten Ritter Bezug. Relevanter für uns ist ein Brite, der sich selbst als Anti-Christ bezeichnete, ohne an die Existenz des Satans zu glauben. Der Schriftsteller und Okkultist drückte dem OTO seinen Stempel auf und wurde durch die Konzentration auf Sexualität als Zentrum seiner magisch-philosophischen Werke in Verbindung mit dem Konsum bewusstseinserweiternder Drogen speziell in den sechziger Jahren des 20. Jahrhunderts zu einem Vorbild der Hippie-Bewegung und später in New-Age-Kreisen. (*Name des Okkultisten*)

Der Vorreiter der „Church of Satan" und vieler ähnlicher Organisationen war und ist wegen der Nähe seiner Thesen zum Nationalsozialismus und wegen allerdings strittiger Unterstellungen bezüglich Sex mit Kindern und Jugendlichen Gegenstand von Kontroversen; sicherlich ein zusätzlicher Grund dafür, dass er gerne als Anschauungsmaterial für dämonische Schurkengestalten herhalten muss, so in zwei Filmen, die mehr oder weniger deutlich auf seine Person Bezug nehmen: Als Oliver Haddo in einem Stummfilm von Rex Ingram (1926), der die Verfilmung eines Romans von W. Somerset Maugham ist, sowie als Mocata in einer Hammer Produktion aus dem Jahr 1968. (*Titel der beiden Filme*)

Der Film aus dem Hause Hammer fußt auf dem Roman eines britischen Autors, der neben Thrillern auch zahlreiche Abenteuer des Duke de Richleau im Kampf gegen satanische Mächte produzierte. (*Name des Autors*)

Der ursprünglich als, nicht einmal bösartiger, Geist angesehene „Dämon" entwickelte sich vor allem im christlichen Glauben immer mehr zum Handlanger des Teufels; so sind Dämonen inzwischen mehr oder minder gefährliche Höllenbewohner, je nach ihrem Platz in der teuflischen Hierarchie, und außerdem Helfer von Hexen, Zauberern und anderen Menschen mit okkulten Fähigkeiten; Verbindung zu den dämonischen Wesenheiten erhält die zauberkundige Person durch penibel durchgeführte Rituale, die sich wiederum häufig in magischen Büchern befinden. Der französische „Fachbegriff" für Zauberbücher hat den gleichen Ursprung wie Grammatik, ein Videospiel des Namens erschien 2017. (*Bezeichnung für Zauberbücher*)

Das von H.P. Lovecraft erfundene berühmteste aller Zauberbücher, das Necronomicon, das schon 700 Jahre vor unserer Zeitrechnung vom Araber Abdul Alhazred niedergeschrieben worden sein soll, hat eine wichtige Funktion in einer Film-Trilogie von Sam Raimi, die sich vom Splatter zur Fantasy-Komödie entwickelt. (*Titel der Trilogie*)

H.P. Lovecraft 1934

Das Buch, das wie wohl kein anderes Einfluss auf das Horror-Genre quer durch alle Medien genommen hat, ist Bestandteil des ebenfalls von Lovecraft erdachten Cthulhu-Mythos, der viele Bewunderer und Epigonen nach sich zog und zieht; benannt ist er nach einem der „Großen Alten", unvorstellbaren Wesen aus dem Kosmos, die seit Hunderten von Jahrmillionen auf die Erde und die Entwicklung der Menschheit einwirken; weiterhin ist er Namensgeber (und Inspiration) des ersten Pen & Paper-Rollenspiels aus dem Horror-Bereich, das kürzlich sein Vierzigjähriges feierte. Glückwunsch nachträglich! (*Name des Spiels*)

Zahlreiche Literaten wurden und werden bis heute von Lovecrafts Schaffen beeinflusst. Zu erraten sind nun drei von ihnen: Der erste war ein Freund Lovecrafts und gründete später den Verlag „Arkham House", um dessen Bücher und weitere Phantastik zu veröffentlichen; ein jährlich verliehener Preis trägt seinen Namen. (*Name des Autors*)

Nummer zwei machte sich unsterblich durch die Vorlage zu Alfred Hitchcocks „Psycho". (*Name des Autors*)

Ach, wie war doch gleich der Name des Protagonisten aus „Psycho", der sich gerne in Frauenkleidern zeigt? (*Rollenname*)

Der dritte im Bunde ist der jüngste und einzig noch lebende der drei. Neben seiner Erweiterung des Lovecraftschen Mythos schrieb der Brite die „Necroscope"-Reihe, die sich vorwiegend mit Vampiren beschäftigt. (*Name des Autors*)

Als eines von Lovecrafts Vorbildern, das dieser selbst ironisch zitiert, gilt Robert W. Chambers. Dieser stellt in einer Kurzgeschichtensammlung eine übernatürliche aristokratische Wesenheit in den Mittelpunkt, die auf menschliche Schicksale ähnlich einwirkt wie Lovecrafts „Große Alte". In der nach dieser Nobilität benannten Anthologie steht eine Farbe im Zentrum. (*Titel der Story-Sammlung*)

Kurzgeschichten sind für die Entwicklung des Horror-Genres speziell im 20. Jahrhundert von immensem Gewicht, gerade im Hinblick auf ihnen entsprechende Comic-Reihen als Erben der Pulp-Magazine, was deren Wirkung auf heranwachsende Genre-Fans angeht. Von allergrößtem Rang als Pionier in Sachen Horror wie Science-Fiction und vor allem Kriminalerzählung gilt Edgar Allan Poe, mit dem wir uns später noch zu beschäftigen haben. Als frühestes Beispiel einer literarischen Geistergeschichte gilt „Die Erscheinung der Mrs. Veal" von Daniel Defoe. Defoe machte sich mit einem Roman über einen Schiffbrüchigen unsterblich, der auf die Erlebnisse des Seemanns Alexander Salkirk aufbaut. (*Name des Schiffbrüchigen in Defoes Roman*)

„Ein Vorfall an der Owl-Creek-Brücke" ereignet sich während des Amerikanischen Bürgerkrieges, der den nun gesuchten Autor stark geprägt hat. Neben zahlreichen weiteren unheimlichen Kurzgeschichten zählt „Des Teufels Wörterbuch" zu den meistgelesenen Werken des Schriftstellers, der in den Wirren der Mexikanischen Revolution verschollen ist. (*Name des Autors*)

Obwohl besagte Story keine eigentlichen Horror-Elemente enthält, ist ihre Pointe von nicht unbeträchtlicher Auswirkung geblieben. Zu erwähnen ist unbedingt der einzige Langfilm Herk Harveys, der 1962 von einer Organistin erzählt, deren Leben nach einem tödlichen Autounfall aus den Fugen gerät. (*Titel des Films*)

Wenn wir schon bei den Vorreitern des Genres sind: Ein Zeitgenosse Poes war Charles Baudelaire, kein Autor von Short Stories, sondern ein bedeutender französischer Lyriker, der mit einer 1857 veröffentlichten, damals als skandalös und unmoralisch angesehenen, Sammlung von Gedichten Generationen von Lyrikern und (phantastischen) Literaten beeinflussen sollte. (*Titel der Gedichtsammlung*)

Als exemplarisch für die klassische Horror-Kurzgeschichte greifen wir ein illustres Werk aus der Feder W.W. Jacobs' heraus, das 1902 zuerst erschien. Erzählt wird von einem magischen Talisman aus Indien, der einer englischen Familie drei Wünsche erfüllt. (*Titel der Story*)

Zwischen den Weltkriegen hatten Pulp-Magazine Hochkonjunktur und damit Fortsetzungsromane und eben auch kurze wie längere Stories. Für praktisch jedes Genre gab es eigene Serien; besonders Science-Fiction und Detektivgeschichten lagen im Trend, aber auch Horror-Fans kamen mit „Dime Mystery" oder „Ghost Stories" auf ihre Kosten. Das wohl renommierteste Pulp-Magazin veröffentlichte neben Horror noch SF und Fantasy, die Top-Autoren waren H.P. Lovecraft, Robert E. Howard und Seabury Quinn. (*Name des Magazins*)

Fun-Fact: Lovecraft fungierte damals als Ghostwriter für einen ungarischen Entfesselungskünstler, dessen Fähigkeiten schon sprichwörtlich sind, und der im Übrigen ein Faible für das Übernatürliche hatte. (*Name des Entfesselungskünstlers*)

Nach dem 2. Weltkrieg konnten sich die Pulp Magazines nicht mehr gegenüber der Konkurrenz von Fernsehen, Comics und Taschenbüchern erwehren. Besonders die erschwinglichen und leicht konsumierbaren Comic-Hefte stießen auf große Begeisterung bei Jugendlichen. Unvergessen die Comic-Reihen, die Bill Gaines für „EC" herausgab. In der wohl populärsten davon, die neben Wiederveröffentlichungen die Vorlage für zahlreiche Film- und TV-Versionen war, präsentierte der „Crypt Keeper" mehrere in Inhalt und Zeichnung anspruchsvolle Geschichten, die sich ursprünglich an Erwachsene richteten. (*Titel der Comic-Reihe*)

Bedauerlicherweise übersah der US-Senat 1954 bei seinen Anhörungen, dass fast alle Heranwachsenden Comic-Leser sind, insofern natürlich auch fast alle jugendlichen Kriminellen. Der unzutreffende Umkehrschluss führte zur Kriminalisierung der meisten „Nicht-Funnies" und in der Folge zu einer harten Selbstzensur der Comic-Vertreiber. Nachdem bis zum Folgejahr haufenweise Grusel-, Krimi- und SF-Reihen eingestellt wurden, brachte Gaines zusammen mit Harvey Kurtzman ein Satire-Magazin in den Zeitschriftenhandel, das zuvor schon sporadisch erschienen war, und seither absoluten Kultstatus erwarb. Die Namensähnlichkeit mit einem Geheimdienst dürfte eher zufälliger Natur sein. (*Titel des Satiremagazins*)

Da das Spielfilmformat nur mühsam mit Kurzgeschichten kompatibel ist (es braucht eine schlüssige Rahmenhandlung und/oder vernünftige Überleitungen oder Verknüpfungen der Segmente, um nicht als lieblose Aneinanderreihung zu wirken), existiert eine recht überschaubare Anzahl an gelungenen Episodenfilmen, speziell im Horror-Genre. Ein britisches Paradebeispiel aus dem Jahr 1945 setzte Maßstäbe, in Erinnerung bleibt vor allem die Bauchredner-Episode, die seither im Genre und vor allem in Parodien zum Standard wurde. (*Titel des Films*)

Die klare Nummer zwei nach Hammer in der Produktion britischer phantastischer Lichtspiele bleibt trotz einiger anderer erwähnenswerter Filme vor allem durch ihre Horror-Episodenfilme im Gedächtnis, wie „Die Todeskarten des Dr. Schreck", „Der Foltergarten des Dr. Diabolo" oder „Asylum". (*Name der Produktionsfirma*)

Angenehm rund auch die Geschehnisse um einen Bestattungsunternehmer in einer amerikanischen Kleinstadt, der Besuch von einer jungen Frau erhält: 2019 erblickte der zu erratende Film das Licht der Kinoleinwand. (*Titel des Films*)

Obwohl selbstverständlich auch Short Stories als Hörbücher und -spiele veröffentlicht werden, sind es in unserem Fall neben den aktuellen Romanbestsellern wie King und Klassikern wie Poe Heftromanserien wie der Gespenster-Krimi, die oft so ihre Wiedergeburt erfahren. Eines der selteneren Exemplare der ohne literarische Vorlage produzierten Hörspielreihen bildet eine deutsche Produktion um einen kanadischen Taxifahrer, von der bisher über 40 Folgen hergestellt wurden. (*Titel der Hörspielreihe*)

Die Hörspielreihe schlechthin ist natürlich „Die drei ???", mit Titeln wie „... und die flüsternde Mumie" oder „... und der höllische Werwolf" in unser Buch passend, obwohl sich im überwiegenden Fall alle geheimnisvollen Geschehnisse als durch natürliche Vorgänge verursacht herausstellen. Gefragt sind nun die Namen der drei Detektive. (*Zwei von drei Namen der ??? für nur einen Punkt*)

Das gleiche Prinzip eint die ??? und die vier Freunde Fred, Daphne, Velma und Norville mit Hund, die zuerst als Zeichentrickfiguren mit ihrem Van auf der Jagd nach Geistern und anderen übersinnlichen Phänomenen sind, die sich zum Schluss fast immer als ebenso natürlich erweisen. Der Hund, eine deutsche Dogge, ist Namensgeber der Gang wie der TV-Serie und ihrer Ableger quer durch alle Medien. (*Name der Dogge*)

Wieder zurück zur Kurzgeschichte: Der besonders in seiner britischen Heimat sehr populäre Autor von Geistergeschichten, M.R. James, lieferte mit „Casting The Runes" die Grundidee zu einem der besten Horror-Filme aller Zeiten: Ein amerikanischer Wissenschaftler verliert im Umgang mit Teufelsanbetern (deren Oberhaupt wieder dem namhaften Okkultisten der Frage auf Seite 22 nachempfunden ist) den Glauben an die Ratio, nachdem sich ihm mein persönliches Lieblings-Filmmonster an die Fersen heftet. (*Titel des Films*)

Dieses Monster ist eigentlich ein Dämon, heraufbeschworen durch magische Runenzeichen, wobei wir wieder die Kurve bekommen hätten. DER Film über Dämonen schlechthin entstand 1973. Nach einem Bestseller gedreht, erzählt er die Geschichte des Mädchens Regan MacNeil, das von einem mesopotamischen Dämon namens Pazuzu besessen ist, und den Versuchen mehrerer Priester, diesen auszutreiben. (*Autor des Romans UND Titel von Buch und Film*)

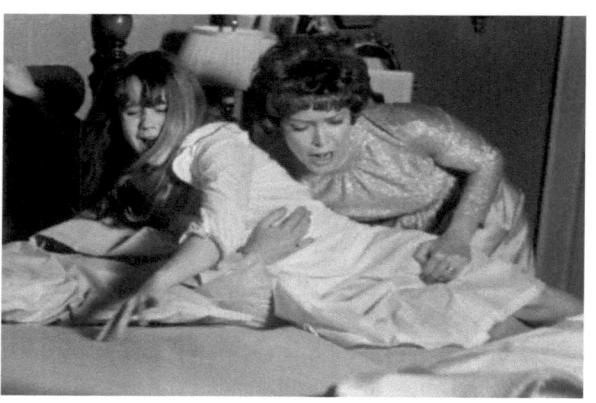

Eine Szene, die erst im „Director's Cut" im Jahr 2000 Verwendung fand, zeigt eine Stuntfrau, die sich als Regan auf sehr exotische Weise eine Treppe herunterbewegt. Diese Szene ist unter einem tierischen Namen bekannt. (*Bezeichnung für die Szene*)

Eine der arriviertesten Heftroman-Serien im Horror-Sektor erschien ursprünglich in den 1970er Jahren. Dorian Hunter bekämpft darin mit Unterstützung der Hexe Coco Zamis und anderer Gefährten die dämonische Schwarze Familie. (*Titel der Serie*)

Gefürchtete Dämonen sehr spezieller Art brachten die Filme der „Hellraiser"-Reihe (bis zum heutigen Tage in zehn Folgen) zum Vorschein und auf die Kinoleinwände und TV-Bildschirme: Nach seinem eigenen Roman schrieb und drehte ein englischer Schriftsteller, der daneben vor allem für seine „Bücher des Blutes" Beachtung fand, den ersten Teil der Geschichte über einen geheimnisvollen Würfel und dessen Verbindung zu Pinhead und anderen unheimlichen Zeitgenossen. (*Name des Autors UND Bezeichnung der dämonischen Wesen*)

In der deutlich anspruchsloseren „Wishmaster"-Reihe, die es bisher auf vier Teile brachte, erfüllt der so bezeichnete Dämon nichtsahnenden Menschen Wünsche auf hinterlistig-grausame Art und Weise und bringt ihnen dadurch den Tod. (*Bezeichnung für einen „Wunschdämon"*)

Dieser böse Geist stammt aus dem arabisch-islamischen Kulturkreis und erlangte hierzulande besonders durch zwei Disney-Verfilmungen der Märchen aus Tausendundeiner Nacht (Zeichentrick und spätere Real-Verfilmung) sowie eine harmlose TV-Serie aus den sechziger Jahren Popularität. Im zweiten Disney war Will Smith der nicht ganz so böse Darsteller des Flaschengeistes, in der Serie sah dieser aus wie Barbara Eden. (*Titel der Filme UND Titel der Serie*)

Als Bindeglied zwischen der dämonischen und der menschlichen Welt fungieren in der Regel mehr oder weniger talentierte Zauberer und Hexen, die oft eigene Interessen verfolgen. Die Kontaktaufnahme mit den höllischen Geschöpfen erfolgt dabei durch Rituale, die sich in einschlägiger Fachliteratur finden lassen, wie oben erwähnte Zauberbücher. Ein tatsächlich existierendes dieser Werke enthält Texte und Riten der naturverbundenen Wicca-Religion. (*Name des Buches*)

Besagtes Buch spielt eine zentrale Rolle in einer Fernsehserie zu Beginn des Jahrtausends, die den Untertitel „Zauberhafte Hexen" trug und vor kurzem eine Neuauflage erlebte. (*Titel der Serie*)

Eine der frühesten literarischen Erscheinungen einer Hexe, die heute noch Bekanntheit genießt, ist bei Homer nachzulesen: Die Zauberin Kirke verwandelt die Gefährten eines griechischen Helden auf der Heimfahrt von Troja in Schweine; nach deren Rückverwandlung bleiben die Krieger ein Jahr auf ihrer Insel, um wieder zu Kräften zu kommen. Die Irrfahrten des listenreichen Anführers der Gruppe sind inzwischen nahezu sprichwörtlich. (*Name des griechischen Helden*)

Für den Horror-Bereich zweitrangig und daher relevanter für ein zukünftiges Quiz-Buch der Geschichte sind Einzelheiten über die frühneuzeitlichen Hexenverbrennungen in Mitteleuropa. Dennoch frage ich jetzt nach dem Namen eines non-fiktionalen Buches, das 1486 von einem Dominikanermönch in Speyer veröffentlicht wurde, genaueste Anweisungen zur Hexenverfolgung enthielt und dadurch traurige Berühmtheit erlangte. (*Name des Buches*)

1968 trat ein Film eine kurzzeitige Welle von meist üblen Machwerken mit ähnlichen Stoffen los. Der Titel bezieht sich auf eine historische Figur namens Matthew Hopkins, die zu Zeiten des englischen Bürgerkrieges für Unfriede sorgte, gespielt von einer der ganz großen Darsteller-Ikonen des Horrorfilms, Vincent Price. (*Titel des Films*)

Zu Prices prägnantesten Produktionen gehörte eine Reihe von Filmen, die mehr oder weniger auf dem Werk Edgar Allan Poes basierten, darunter „Die Verfluchten" (1960) und „Das Pendel des Todes" (1961), und allesamt vom selben Mann auf die Leinwand gebracht wurden, der als Regisseur und Produzent zum Inbegriff der B-Movies wurde. (*Name des Regisseurs*)

Vincent Price und Barbara Steele in „Die Verfluchten"

Poe ist sicher einer der wichtigsten und einflussreichsten Schriftsteller unseres Objektes, womit er sich einen kurzen Fragen-Exkurs redlich verdient hat. Schon seit der Stummfilmzeit sind seine Werke scheinbar unerschöpfliches Ideenreservoir für das Kintopp, wobei oft ein paar vorangestellte Zeilen aus einem Gedicht genügen, um das fertige Objekt mit dem Stempel „Nach Edgar Allan Poe" zu versehen. Neben den bis zum letzten Tropfen Originalität ausgequetschten üblichen Verdächtigen wie „Die Morde in der Rue Morgue", „Grube und Pendel" oder „Die Maske des Roten Todes" musste sein famoses Gedicht „Der Rabe" ebenfalls viel zu oft als vorgebliche Inspiration herhalten. In der berühmten Vorlage ist der titelgebende Rabe der menschlichen Sprache fähig, verwendet allerdings nur ein einziges Wort. (*Einziges Wort des Raben*)

Edgar Allan Poe 1849

Verschiedene Gedichte und Short Stories Poes lagen dem Debütalbum des „Alan Parsons Project" zugrunde. „Tales of Mystery and Imagination", in den Jahren 1975 und 1976 entstanden, erhielt bei der CD-Veröffentlichung 1987 zusätzliche Texte einer Leinwandlegende, die diese schon 1976 auf Band gesprochen hatte. Der Filmgenius hat zwar in „Malpertuis" oder „Horror Attack" Genre-Luft als Darsteller geschnuppert, tatsächlich aber ist seine filmhistorische Bedeutung in anderen Funktionen wesentlich gravierender. (*Name des Mannes*)

Der japanische Krimiautor Hirai Taro wählte sein irgendwie vertraut klingendes Pseudonym aus Bewunderung für Poe. (*Pseudonym Taros*)

1968 entstand mit „Außergewöhnliche Geschichten" ein Episodenfilm nach weniger geläufigen Arbeiten Poes, der hier Erwähnung findet, weil seine drei Regisseure in der Videothek ansonsten in der Abteilung mit den anspruchsvollen Filmen zu finden sind. (*Name eines der drei Regisseure*)

Zwei von drei

Kurios ist sicherlich einer der raren Vertreter des deutschen Horrorfilmes reinster Prägung in den 60er Jahren: Christopher Lee als Graf Regula will sich für seinen Tod an den Nachfahren der Verantwortlichen rächen, hier wie dort repräsentiert durch Lex Barker und Karin Dor. Zumindest der Verleihtitel nimmt Bezug auf Poes Werk. (*Titel des Films*)

Zurück zu Vincent Price und zwei seiner bemerkenswertesten Leinwandauftritte: 1983, nach einer schon über vierzig Jahre dauernden Karriere, machte er eine (damals) jüngere Generation auf sich aufmerksam, als Off-Stimme in einem Musikvideo, das zu jener Zeit das kostspieligste war und unvergessen bleibt: Der „King of Pop" mit einem seiner größten Hits. (*Name des Sängers UND des Songs*)

Seinen letzten Kino-Auftritt hatte Price 1990. Der alternde Star erschien nur kurz als Erfinder und Schöpfer des Helden, dargestellt von Johnny Depp in der ersten von vielen Rollen für Regisseur Tim Burton. (*Titel des Filmes*)

Obwohl vor allem „Frankenstein" Pate stand, gehört der gerade angeführte Streifen doch mehr ins Fantasy-Genre. Die beiden folgenden Kollaborationen von Burton und Depp sind heute für uns interessanter: „Ed Wood" (1994) erzählt liebevoll die Geschichte des gleichnamigen Filmexperten, der (wohl zu Unrecht) als schlechtester Regisseur aller Zeiten in die Annalen der Filmgeschichte eingegangen ist; allerdings finden sich in seinem Frühwerk, das seinen Kultstatus bewirkte (und schon gar nicht im vorwiegend pornografischen Spätwerk) keine ernstzunehmenden Filme, dafür aber Trash-Perlen der Extraklasse. Die Freundschaft zu einer Ikone des Horrorfilms, die in zwei seiner frühen Arbeiten kleinere Einsätze hatte und in wenigen Szenen in Woods Meisterstück „Plan 9 aus dem Weltall" auftaucht, macht ihn und sein Schaffen noch liebenswerter. (*Name der Ikone*)

Mit dem Untertitel „Köpfe werden rollen" war Burtons dritter Streich mit Depp 1999 eine Hommage an Horror à la Hammer und gleichzeitig eine sehr freie Bearbeitung einer der frühesten Kurzgeschichten der amerikanischen Literatur über den „Reiter ohne Kopf". (*Titel des Films*)

Johnny Depps „Filmmutter" Lisa Marie kommt darin in einer eisernen Jungfrau zu Tode. Nach diesem angeblichen mittelalterlichen Folterinstrument benannte sich mit „Iron Maiden" ein Hauptvertreter der NWoBHM. Ständiger Begleiter auf Albumcovern und bei Konzerten ist ein zombieskes, teilskelettiertes Wesen, das der Band als Maskottchen dient. (*Name des Maskottchens*)

Iron Maiden 2017

Zurück zum roten Faden und zu einer Vielzahl mehr oder weniger beliebter Hexen und Hexer quer durch alle Kulturen und Medien: Den Anfang macht eine bei Kindern beliebte Hexe, die seit über hundert Hörspielfolgen gerade ins Teenie-Alter gekommen ist und in derselben Kleinstadt wie Benjamin Blümchen lebt; ihr Nachname steht für Jahrhunderte der Hexen-Tradition. (*Name der Teenie-Hexe*)

Wiederum eine Teenagerin, allerdings schon einige Jahre älter, ist die besonders in einer Sitcom mit Melissa Joan Hart in der Titelrolle sehr erfolgreiche Angehörige der Hexenzunft, die schon vorher in Comics und Trickfilmen einen gewissen Beliebtheitsgrad in Amerika erreichte. Das Ganze gibt es inzwischen bei einem weit verbreiteten Streaming-Dienst auch in gruselig. (*Vorname der Hexe*)

In einem klassischen Fantasy-Roman (mehrfach verfilmt) bekommen es Dorothy Gale, ihr Hund Toto und drei weitere Gefährten mit der bösen Hexe des Westens zu tun. (*Titel des Buches*)

In Diseys interessantem abendfüllenden Trickfilm „Fantasia"
(1940) werden alle Episoden mit klassischer Musik unterlegt.
Disneys Top-Scorer Micky Maus taucht darin in „Der
Zauberlehrling" auf, komponiert nach einer Ballade des
deutschen Dichterfürsten. (*Name des Komponisten UND Name
des Dichters*)

Noch einmal Disney: Eine von Onkel Dagoberts
Widersacherinnen ist eine Hexe. Wie lautet der Name der Frau,
die ihm seine erste selbstverdiente Münze abnehmen will, um zur
mächtigsten Zauberin der Welt zu werden? (*Name der Hexe*)

„Hexen hexen" ist ein Kinderbuch, dessen Handlung (alle Hexen
verbünden sich, um die von ihnen gehassten Kinder auf der
ganzen Welt vollständig zu vernichten) für die Allerkleinsten
etwas zu grauselig sein dürfte. Der walisische Autor und Erfinder
von Willy Wonka galt als Spezialist für schräge Kinderbücher
wie auch makabre und schwarzhumorige Erzählungen. (*Name
des Autors*)

Und ja, ich tu´s schon heute und nicht erst im Fantasy-Quizbuch: Wie heißt „Du-weißt-schon-wer", der mächtige schwarze Magier und Erzfeind des Titelhelden, in den Romanen um den Zauberschüler Harry Potter? (*Name des Magiers*)

Ein stümperhafter Zauberer, den es eines missratenen Zauberspruches wegen zusammen mit seiner Kröte „Kühlwalda" aus der Schlacht bei Hastings in die 1970er Jahre verschlägt, war Titelheld einer kurzlebigen britischen TV-Serie. (*Titel der Serie*)

"Where shall we three meet again in thunder, lightning, or in rain?" Das „schottische Stück" fußt, wie häufig bei Meister Shakespeare, auf historischen Tatsachen. Ungeachtet ihrer tatsächlichen Funktion im zu erratenden Drama bringen die als „Weird Sisters" bezeichneten drei Hexen die Handlung erst so richtig ans Laufen und den Titelkönig auf die eine oder andere falsche Spur. (*Titel des schottischen Stücks*)

Drei Hexen? Da gab es doch … richtig, die „Drei Mütter", Mater Suspiriorum, Mater Tenebrarum und Mater Lachrymarum, uralte Hexen, die ihr Unwesen in Freiburg, Rom und New York treiben, zu erleben in einer Trilogie von Dario Argento. (*Titel eines der drei Filme*)

Im fast noch aktuellen Remake des ältesten des Trios darf sich Dakota Johnson mit der Hexenbande herumschlagen. Die Tochter von Top-Stars der 80er und 90er ist seit den „Fifty Shades Of Grey"-Filmen gut im Geschäft. (*Namen der Eltern*)

Eine uralte und stets bitterböse Hexe, ähnlich den Stereotypen mitteleuropäischer Märchen, ist in der slawischen Mythologie sehr populär und taucht etwa in Modest Mussorgskis „Bilder einer Ausstellung" auf. (*Name der Hexe*)

Ein Film aus dem Jahr 1999 löste einen Riesen-Hype aus. Der langweilige und maßlos überschätzte Schinken erreichte durch gezielte Fehlinformationen über den Wahrheitsgehalt der Pseudo-Dokumentation und zusätzlich einen geschickt aufgebauten Mythos, der Authentizität suggerieren sollte, letztendlich das große Publikum und ein immenses Einspielergebnis. Das sehr kostengünstig produzierte Lichtspiel ist wie die bisher zwei Fortsetzungen nach der angeblich historisch verbürgten Hexe benannt. (*Titel des Films*)

Am 13. Juli 1973 erscheint mit „Die Nacht des Hexers" Band 1 des „Gespenster-Krimi", der dritten großen deutschen Heftromanserie im Horror-Bereich, von Bedeutung geblieben als erster Auftritt des später erfolgreichsten Serienhelden dieser Gattung, der gegenwärtig auf Band 2300 seiner eigenen Heftserie zusteuert, geschrieben bis vor wenigen Jahren fast ausschließlich von Helmut Rellergerd, natürlich unter artgerechtem Pseudonym. (*Name des Serienhelden UND des Autorenpseudonyms*)

Zahlreiche angesehene Schriftsteller gingen ihre ersten Schritte als Literaten mit der Veröffentlichung von Heftromanen. Ebenfalls im „Gespenster-Krimi" erschienen die ersten acht Bände der Abenteuer Robert Cravens, des Hexers von Salem, erdacht von einem der inzwischen produktivsten deutschsprachigen Autoren, vor allem im Bereich der Fantasy. (*Name des Autors*)

Das Lob für die Veröffentlichung des allerersten Horror-Heftromans in Deutschland gebührt allerdings Jürgen Grasmück: Im Sommer 1968 erschien als Silber-Krimi Nr. 747 der erste Fall mit (FBI-, später PSA-)Agent Larry Brent. Grasmück gab sich ein passendes Pseudonym, unter dem er bis zu seinem Tode hunderte von Horror-Romanen verfasste. (*Titel des Romans UND Pseudonym Grasmücks*)

Hexer gibt es auch im realen Leben: Andreas Thiel zum Beispiel gehört zu den erfolgreichsten Athleten Deutschlands und erhielt seinen Spitznamen „Hexer" für seine überragenden Leistungen in welcher Sportart? (*Name der Sportart*)

„Der Hexer" ist auch der deutsche Titel eines mehrfach verfilmten Kriminalromans. Obwohl der Autor, der 1932 bei der Arbeit am Drehbuch zu „King Kong" starb, ein recht chaotisches Pensum als Vielschreiber simpler Krimiware ablieferte, gilt es als „unmöglich, nicht von (*Name des Schriftstellers*) gefesselt zu sein".

In der Nacht vom 30. April auf den 1. Mai, benannt nach einer katholischen Heiligen, treffen sich dem Mythos nach Hexen und Zauberer auf Bergen und Anhöhen, um ihre satanischen Feste und Orgien zu feiern. Besonders der höchste Berg im Harz soll dabei im Mittelpunkt stehen. (*Bezeichnung für den Abend des 30. April UND Name des Berges*)

Von einem solchen Hexensabbat auf dem „Lyssaja gora" erzählt ein Stück der russischen Programmmusik; die gedachte Handlung von Modest Mussorgskis Komposition ereignet sich allerdings erst in der Johannisnacht am 23. Juni. (*Titel der Komposition*)

Die vielleicht prägnanteste Hexendarstellung unserer Kultur findet sich in einem Märchen, das seit Beginn des 19. Jahrhunderts in schriftlicher Form vorliegt. Darin werden zwei Kinder von ihren hungernden Eltern in einem Wald ausgesetzt, um sie dort sterben zu lassen. Sie geraten an eine menschenfressende Hexe, die sie verbrennen. Da sie mit Schätzen beladen nach Hause zurückkehren, dürfen sie dann doch am Leben bleiben. (*Titel des Märchens*)

Diese erbauliche Kindergeschichte findet Erwähnung in den „Kinder- und Hausmärchen" zweier umtriebiger Brüder, die neben Gruselstories für die Allerkleinsten auch mit der Arbeit an einem Wörterbuch begannen; durch diese verdienstvollen Tätigkeiten gehörten sie zu den Mitbegründern der Germanistik. (*Namen der Brüder*)

Welches Mitglied der „Fantastischen Vier" (gemeint sind nicht die deutschen Hip-Hopper) trägt den gleichen Nachnamen? (*Name des Superhelden/der Superheldin*)

Menschlichen Ursprungs, der jenseitigen Welt aber wohl doch näher, sind die, die selbst im Tode nicht zur Ruhe kommen, nämlich Geister und Gespenster. Eines der meistbeachteten dieser Gattung ist sicherlich das „Gespenst von Canterville", eine immer wieder verwendete Figur eines irischen Schriftstellers. (*Name des Schriftstellers*)

Für jüngere Semester gedacht ist die als Hörspielreihe konzipierte Reihe um den ehemaligen Ritter Balduin, der als behördlich zugelassenes Gespenst unter anderem Namen auf Schloss Burgeck für Unruhe sorgt, in den ursprünglichen Folgen durchgängig gesprochen vom Schauspieler, der auch Pumuckl seine Stimme lieh. (*Name des Gespenstes UND des Sprechers*)

„Ich sehe tote Menschen". Wenn dieser Satz auf der Leinwand zu hören ist, geht es schon deutlich gruseliger zur Sache, denn der neunjährige Cole ist kein Leichenbestatter, sondern begegnet auf Schritt und Tritt Geistern von gewaltsam zu Tode gekommenen ZeitgenossInnen, voller Wut darüber, dass sie nicht mit dem Leben abschließen konnten. (*Titel des Films*)

Zurück auf Anfang: Auch wenn der Geist hier ein Riesenhelm ist, der den Nachkommen des Schurken aus heiterem Himmel erschlägt, muss daher dennoch Übernatürliches im Spiel sein. Deshalb gilt der gesuchte Roman von Horace Walpole aus dem Jahre 1764 als erste „Gothic Novel" und somit als Vorläufer aller weiteren Schauergeschichten bis hin zu den Horror-Romanen unserer Tage. (*Titel des Romans*)

Eine der berühmtesten Geistererzählungen ist „The Turn of the Screw", 1898 erschienen, für das sonstige Werk des britisch-amerikanischen Autors wie „Daisy Miller" oder „Bildnis einer Dame" eher untypisch. (*Name des Literaten*)

Neben diversen Filmen diente die Geschichte einer Oper als Grundlage, die 1954 in Venedig ihre Uraufführung erlebte. Der Name des englischen Komponisten klingt durchaus „very Brittish". (*Name des Komponisten*)

Einer meiner Lieblingsfilme mit Geistern drin stammt aus dem Jahr 1944; darin hat es ein Geschwisterpaar auf einem gerade erstandenen abgelegenen Anwesen an der südenglischen Küste gleich mit zwei Geistern zu tun, von denen es einer nicht gut mit ihnen meint. (*Titel des Films*)

Knapp 40 Jahre später erleben wir in einer Spielberg-Produktion mit programmatischem Titel eine ganze Familie im Bann von unheimlichen Ereignissen, bis sich zum Schluss herausstellt, dass ihre gesamte Wohnsiedlung auf einem Friedhof errichtet wurde, ohne vorher die Toten umzubetten. (*Titel des Films*)

Meist sind es weniger Stadtviertel als vielmehr einzelne Häuser, die zum Ziel von gespenstischer Heimsuchung werden; war das Gebäude Schauplatz genügender Verbrechen, kann es sogar ohne Gespenst einen bitterbösen Charakter annehmen, um seine Bewohner gehörig zu piesacken. Von der tatsächlichen Ermordung einer Familie auf Long Island inspiriert wurde ein Film aus dem Jahr 1979, der 14 (!) Fortsetzungen, Remakes oder Prequel nach sich zog; dabei spielen das Haus, in dem das Verbrechen stattfand, oder zumindest Gegenstände daraus eine zentrale Bedeutung als Schauplatz oder Auslöser des Spukes. (*Titel des ersten der Filme*)

112 Ocean Avenue, 2005

Deutlich jünger und qualitativ im Schnitt entschieden besser sind die filmischen Umsetzungen eines nach dem ersten Teil aus dem Jahr 2013 benannten Kino-Universums, zu der bisher zwei Spin-Offs gestoßen sind. In den Streifen werden die Erlebnisse des Ehepaars Warren erzählt, die sich als paranormale Detektive betätigten und tatsächlich im realen Fall der vorherigen Frage ermittelten. (*Titel des ersten Teils*)

In besagten Filmreihen wie in zahllosen weiteren Beiträgen zum Geister- und Gespenster-Subgenre darf natürlich das mediale Handwerkszeug nicht fehlen, um mit der jenseitigen Dimension in Verbindung zu treten. Die feinen und gebildeten Leute setzen sich seit der Mitte des 19. Jahrhunderts an einen runden Tisch, fassen sich häufig an den Händen, um einen nicht nur symbolischen Kreis zu bilden und treten einzeln oder reihum mithilfe mindestens eines Mediums am Tisch mit der Welt der Toten in Verbindung. Ärmeren Leuten und vor allem gelangweilten und/oder berauschten Teens und Twens genügt dafür ein Hexenbrett in kleiner Runde. Das geht auch solo ganz prima. (*Bezeichnung für die spiritistische Runde UND andere Bezeichnung für ein Hexenbrett*)

Hexenbrett

Geister spuken nicht nur in Häusern oder auf Friedhöfen, wenn sie auf See gestorben sind, erscheinen sie auch an Bord von Wasserfahrzeugen. Gelegentlich sind es sogar ganze Schiffsbesatzungen, die sich das weiße Laken umhängen müssen. Die verbreitetste Erzählung dieser Art dürfte die vom „Fliegenden Holländer" sein. Neben Berichten über angebliche Sichtungen des niederländischen Segelschiffes durch die Jahrhunderte trug vor allem eine Oper zur Popularität des Stoffes bei, die ein exzentrischer und noch immer umstrittener deutscher Komponist schon vor seiner denkwürdigen Beziehung zum bayrischen Märchenkönig zur Uraufführung gebracht hatte. (*Namen des Komponisten UND des Königs*)

Ein für seine Märchen wie „Die Geschichte von Kalif Storch" oder „Die Geschichte von dem kleinen Muck" bekannter schwäbischer Schriftsteller verlegte die Handlung der „Geschichte von dem Gespensterschiff" in den Orient. (*Name des Schriftstellers*)

Ein echtes „Geisterschiff" wurde 1872 im Atlantik treibend aufgebracht, die Besatzung wie auch die Passagiere waren nicht mehr an Bord, im Gegensatz zur fast vollständigen Ladung. Das niemals geklärte Schicksal der Menschen an Bord des Handelsschiffes mit dem französisch klingenden Frauennamen beschäftigte Kreative quer durch alle Medien bis zum heutigen Tag. (*Name des Schiffes*)

Zurück an Land: Seit dem Jahr 1992 muss der Privatdetektiv Edward Carnby, als Protagonist einer Computerspiel-Reihe, meist in verlassenen Herrenhäusern seine Ermittlungen durchführen und sich dabei gegen allerlei Scheusale zur Wehr setzen; der erste Teil gilt als Begründer des „Survival-Horrors" und basiert auf dem schon oben angesprochenen Monster-Zyklus H.P. Lovecrafts. (*Titel des Computerspiels*)

Carnby muss sich auch gegen Zombies durchsetzen – und damit verlassen wir den Bereich der Gespenster und befassen uns nun mit Menschen, die nicht mehr ganz lebendig sind, aber zumindest körperlich noch auf der Erde weilen. Der wohl namhafteste Vertreter des „Survival Horrors" als Spielform beschäftigt sich gleichfalls mit Zombies, die hierbei allerdings auf natürlichem Wege entstanden sind, nämlich als Opfer eines mutierten Virus, das eigentlich dazu gedacht war, Super-Krieger zu erschaffen. Wie Carnbys Abenteuer hat dieses Game viele Fortsetzungen und Ableger nach sich gezogen. (*Titel dieses Computerspiels*)

Im Gegensatz zu vielen prominenten Kollegen hat der Zombie keinen literarischen Ursprung; sein Werdegang und Siegeszug beruhen fast ausschließlich auf filmischen Einflüssen, zuerst auf der Kinoleinwand, in den letzten Jahren vermehrt auf dem TV-Bildschirm. Seine mythologischen Ursprünge stammen aus dem Umfeld einer vor allem in der Karibik verbreiteten Religion, die fälschlich oft mit schwarzer Magie in Verbindung gebracht wird, beispielsweise durch die nach der Religion benannten Puppen. (*Name der Religion UND ihr Hauptverbreitungsland*)

Eine Hochburg dieser Religion außerhalb der Karibik ist das gerne als Geburtsort des Jazz bezeichnete New Orleans. Eine Persönlichkeit von großem Einfluss im 19. Jahrhundert war dort eine kreolische Priesterin, die als „Witch Queen of New Orleans" später musikalisch verewigt wurde. (*Name der Priesterin*)

Einer der wichtigsten Götter, der sogenannten Loa, tritt mit Zylinder und Spazierstock auf. Der Adlige, der mit den Toten in Kontakt ist, bleibt durch seine Erscheinung auch außerhalb des Genres einprägsam, wie in „Leben und sterben lassen" als einer der Gegenspieler von 007. (*Name des Loa*)

Er trägt ebenfalls einen Zylinder und dazu ein Cape, ist als unbarmherziger Vergewaltiger und Mörder allerdings deutlich erdverbundener: Der vom brasilianischen Filmemacher José Mojica Marins erdachte Antagonist, dessen Darsteller er unter eigener Regie sein jahrzehntelanges Schaffen hindurch war, und der im englischsprachigen Raum als „Coffin Joe" berüchtigt ist. (*Portugiesischer Name Coffin Joes*)

Die ersten filmischen Lebenszeichen der Zombies orientierten sich noch sehr am karibischen Mythos, bis Ende der 60er Jahre ein Mann den Stein ins Rollen brachte, der bis heute eine wahre Zombie-Lawine bis in die entlegensten Bereiche unseres Alltags gespült hat. Dazu später mehr. Am Anfang aber war … ein Film aus dem Jahr 1932, in dem Bela Lugosi als Plantagenbesitzer Legendre Zombies Sklavenarbeit verrichten lässt und seine magischen Fähigkeiten dazu benutzt, sich eine Frau gefügig zu machen. Nach dem Film benannte sich Rob Zombies Metal-Band. (*Filmtitel*)

Rob Zombie scheint überhaupt ein großer Horror-Fan zu sein, wie nicht nur seine musikalischen Arbeiten verraten; auch seine Comics und Filme enthalten viele Horror-Elemente oder gehören sogar völlig dem Genre an, wie sein Regie-Erstling aus dem Jahr 2003 über die psychopathische Familie Firefly, die in zwei Fortsetzungen Leichenberge anhäuft. (*Titel des Regie-Debüts*)

Nur wenige Filme über „klassische" Zombies waren und sind sehenswert, darum erwähne ich die zwei wohl interessantesten: „Ich folgte einem Zombie", 1943 von Jacques Tourneur inszeniert, war der zweite in einer Reihe von Streifen, die Jahre später von der Kritik als Beginn des „intelligenten" Horrorfilms eingestuft wurden, bei dem nicht mehr nur Monster-Action im Vordergrund stand. Insgesamt entstanden elf Werke für RKO, bei denen die Handschrift des Produzenten deutlich wurde, der fast ausschließlich für diese Reihe in Erinnerung blieb. (*Name des Produzenten*)

Mein Lieblingsbeitrag aus dem Hause Hammer entstand 1966, eine von zwei großartigen Arbeiten John Gillings, deren Handlung in Cornwall angesiedelt ist. Stilistisch für spätere Zombie-Filme prägend, inhaltlich eher old-fashioned. Ein Sonderpunkt für die Beschwörungsformel, mit der der schurkische Clive Hamilton, noch maskiert, die Eingangsszene eröffnet. (*Titel des Films UND Beschwörungsformel*)

Dabei fällt mir ein: Eine der eigenwilligsten Künstlerinnen im Musikgeschäft veröffentlichte 1978 auf ihrem zweiten Solo-Album „Lionheart" den Song „Hammer Horror". (*Name der Künstlerin*)

Wenn Hammer noch für den Übergang vom althergebrachten zum modernen Horror steht (wobei gerade die Modernisierungen fast gänzlich Misserfolge wurden), steht der Name eines Mannes wie kaum ein anderer für den Beginn des Horrorfilms moderner Prägung: George A. Romero. Schon sein Regie-Erstling 1968 zeigt neben einer pessimistischen Weltsicht die lebenden Toten, die sich in gut der Hälfte seiner Werke tummeln. (*Titel des Films*)

Nach weiteren Arbeiten, die, wie der Rest seines Oeuvres, nur leidlich interessant sind, folgt dann 1978 der Film, durch dessen immensen Einfluss heute jedes Kindergartenkind schon mit Zombies vertraut ist: Dawn Of The Dead, im Deutschen kurz und knackig „Zombie", wobei besonders der Originaltitel sehr vorausschauend wirkt. Für die Effekte ist damals ein Mann verantwortlich, der inzwischen als Maskenbildner, Mann für Spezialeffekte, Regisseur und Darsteller selbst Kultstatus erreicht hat. (*Name des Mannes*)

Schon im folgenden Jahr entsteht unter dem Titel „Woodoo – Die Schreckensinsel der Zombies" eine inoffizielle Fortsetzung, die außer den wandelnden Toten allerdings keine Gemeinsamkeiten aufweist. Der italienische Regisseur erarbeitet sich in den kommenden Jahren mit einer Handvoll weiterer Werke Kultstatus bei vielen Horror-Fans und Indizierungen und Verbote der meisten Filmbewertungsstellen und Zensurbehörden. (*Name des Regisseurs*)

Der Neuseeländer Peter Jackson, heute vor allem für seine Fantasy-Filme nach Tolkien-Werken in aller Munde, inszenierte zu Beginn seiner Karriere einige schräge Horror-Persiflagen, darunter ein Streifen, der den bis dato und vielleicht auch heute noch höchsten und vor allem blutigsten Zombie-Body-Count aufweist, kulminierend in ein Massaker mit Rasenmäher. (*Titel des Films*)

Kurz zuvor hatte Jackson schon mit seinem zweiten Langfilm auf sich aufmerksam gemacht, einem je nach Geschmack(losigkeit) amüsanten oder derb überzogenen Puppenfilm, der wegen seiner Themen (Sex, Gewalt, Drogen) eher nicht für das Kinderprogramm geeignet war. (*Titel des Films*)

Der Rasenmäher-Showdown war nur das vielleicht extremste Beispiel dafür, dass sich das Zombie-Thema zu Beginn der 90er wenigstens auf der großen Leinwand so erschöpft hatte, dass die wenigen noch goutierbaren Beispiele allesamt einen zumindest leicht parodistischen Ansatz hatten oder gleich als schwarze Komödie beworben wurden. Aktuell hat sich daran wenig geändert, tatsächlich sind die Zombies inzwischen vermehrt im Tierreich angelangt, so in „Zoombies" oder „Zombiber". Ein hingegen sehr gelungenes Franchise der härteren Gangart über den Polizisten Rick Grimes und Zombies im Romero-Style ist eine auf einem Comic basierende TV-Serie, die inzwischen ihr zweites Spin-Off bekommen hat. (*Titel der Serie*)

Bei einer weiteren sehenswerten Serie kommt auch der Humor selten zu kurz: Die wiederum nach einem Comic entstandene Show, die allerdings mit diesem nicht mehr viel gemein hat, erzählt von den Abenteuern der Gerichtsmedizinerin Liv Moore, die als Zombie die Gehirne von Mordopfern verzehrt, um so deren Erinnerungen und Eigenschaften zu erlangen, was bei der Aufklärung diverser Kriminalfälle extrem hilfreich ist. (*Titel von Comic und Serie*)

Einen hab´ ich noch: In „Zombieland" (2009) sind die Protagonisten zu Gast bei einem Hollywoodstar; dieser schminkt sich als Zombie, um nicht Opfer der Untoten zu werden und wird stattdessen von einem seiner Gäste erschossen. Sehr ulkig. (*Name des Stars*)

Der hauptsächlich im komischen Fach zu Ruhm gekommene Darsteller, der in den 70ern zur Stammbesetzung von „Saturday Night Live" gehörte, war auch Hauptdarsteller in „The Dead Don´t Die" (2019), einem der neuesten großen Zombiefilme. Regisseur in diesem Fall war einer der angesehensten Independent-Filmer der USA, der für seine behäbig-langsamen, lakonischen Werke wie „Down By Law" oder „Dead Man" sehr geschätzt wird. (*Name des Regisseurs*)

Ähnlich untot, ansonsten das krasse Gegenteil der meist hirnlos dahinschlurfenden oder -hetzenden Zombies, kommen die „Könige" der Monster daher, die Vampire, deren Standesdünkel da herrühren mag, dass ihre historischen Vorbilder gerne dem realen Adel entstammten; so auch der aus der Walachei stammende Fürst, der den tatsächlichen König der Vampire, zumindest was den kaum zu überschätzenden Einfluss auf die Populärkultur angeht, inspiriert haben soll, gemeint ist natürlich Graf Dracula. Gefragt ist nun nach dem Namen des Fürsten wie nach dem irischen Schriftsteller, der 1897 mit seinem Roman „Dracula" einen fast unübertroffenen Siegeszug seiner Schöpfung durch alle Medien einleitete. (*Name des Fürsten UND des Schriftstellers*)

Wo der gerade Gesuchte seine (wohl stark übertriebenen) verbürgten Grausamkeiten zumeist an erwachsenen Männern, hauptsächlich an Angehörigen des verfeindeten osmanischen Reiches, ausgeübt hatte, waren zwei seiner blaublütigen KollegInnen schon von anderem Kaliber: Elisabeth Báthory, die ungarische Gräfin, soll zahlreiche junge Mädchen gefoltert und getötet haben, der französische Kriegsheld Gilles de Rais wurde für die Ermordung von über hundert Kindern sogar hingerichtet. Im hundertjährigen Krieg kämpfte er an der Seite der später auf dem Scheiterhaufen verbrannten französischen Nationalheldin. (*Name der Nationalheldin*)

Zurück zum unvergleichlichsten aller Vampire: Das Material in Literatur, Film, Comic und anderen Medien, dass sich mit Graf Dracula beschäftigt, ist unüberschaubar. Daher nur einige Fragen querbeet: In den Marvel-Comics erscheint er als Superschurke in seiner eigenen Serie; einer seiner Hauptgegner wird ein Halbvampir und Vampirjäger, ein sogenannter „Daywalker", der in einer Filmtrilogie von Wesley Snipes verkörpert wurde. (*Name des Vampirjägers*)

In einer weiteren Comic-Serie stammt er wie die Titelheldin vom Planeten Drakulon, vor dessen Untergang beide entfliehen konnten. 1996 entstand eine schaurige Verfilmung dieses Comics, Dracula wurde darin von Roger Daltrey gespielt, der als Sänger einer spektakulären britischen Rockband und selbst als Darsteller viele bessere Tage gesehen hat. (*Name der Comic-Heldin UND Name der Rockband*)

Eine Perle der Blaxploitation entstand 1972. Ein afrikanischer Prinz wird darin auf einer Europareise im 18. Jahrhundert als Gast auf Schloss Dracula von seinem rassistischen Gastgeber gebissen und zum Vampir gemacht, erwacht aber erst knappe 200 Jahre später in Los Angeles und sorgt fortan dort und später in einer Fortsetzung für Unruhe. (*Titel des Films*)

Für Jahrzehnte fast untrennbar mit der Darstellung Draculas verbunden war Bela Lugosi, der (allerdings nicht auf eigenen Wunsch) sogar mit einem Vampir-Cape bekleidet seine letzte Ruhe fand. Nach seinen phänomenalen Auftritten auf der Theaterbühne als blutsaugender Graf verlieh er diesem auch in der ersten offiziellen Verfilmung im Jahr 1931 seine Existenz. Kaum zu glauben: Bis zu seinem Tode spielte er die Rolle seines Lebens nur ein weiteres Mal in einem Langfilm, einem parodistischen Treffen fast aller Universal-Ungetüme mit einem damals angesagten Komiker-Duo, dessen Titel eine andere monströse Berühmtheit in den Vordergrund stellte. (*Titel des Films*)

Bela Lugosi 1940

Knapp zehn Jahre früher schon entstand in Deutschland eine nichtautorisierte Bearbeitung des Dracula-Romans, weswegen als Titel eine angeblich überlieferte rumänische Bezeichnung für Vampire gewählt wurde. Die „Symphonie des Grauens" (so der Untertitel) übertrifft an filmhistorischem Stellenwert fast alle später entstandenen Werke. Das trifft nicht in gleichem Maße auf Werner Herzogs Remake aus dem Jahre 1979 zu, einer von insgesamt fünf Kollaborationen des Regisseurs mit seinem Lieblingsdarsteller und Intimfeind. (*Titel des Films UND Name des Hauptdarstellers im Remake*)

1958 dann der entscheidende Schritt des untoten Adeligen in die Moderne: In blutrot und, nach damaligen Maßstäben, an ein erwachsenes Publikum gerichtet, erweckt die britische Hammer Films ein weiteres Ungeheuer der Alten Schule zu neuem filmischem Leben; in der Folge verdrängt der Darsteller des Titelcharakters Christopher Lee Lugosi aus der öffentlichen Wahrnehmung und nimmt dessen Platz als wichtigste Dracula-Inkarnation ein. Als sein Gegenspieler, wie auch in den meisten Fortsetzungen, Peter Cushing; der von ihm gespielte niederländische Wissenschaftler wird später zu Draculas zuverlässiger Nemesis, er und seine Nachkommen erringen im 21. Jahrhundert Ehren als Namensgeber eines Films, einer TV-Serie und eines Videospiels. (*Familienname des Wissenschaftlers*)

Unter den zahlreichen Vampirstreifen von Hammer, die dem ersten „Dracula" folgten, bleibt besonders eine Trilogie erwähnenswert, die lose auf einer frühen Vampir-Erzählung des Iren Joseph Sheridan Le Fanu basiert. Der erste und beste des qualitativ sehr unterschiedlichen Trios sah als Vampirin eine britische Darstellerin polnischer Abstammung, die ebenfalls die „Comtesse des Grauens" in Hammers Beitrag zum Báthory-Komplex gab. (*Titel der Novelle UND Ein Filmtitel UND Name der Darstellerin*)

Joseph Sheridan Le Fanu

Zu sehen war sie auch in einem vielzitierten Film aus dem Jahre 1973, in dem Christopher Lee seine persönliche Lieblingsdarstellung ablieferte. Ein streng religiöser Polizist reist darin zu Ermittlungszwecken auf eine abgelegene britische Insel, wird mit einem heidnischen Kult konfrontiert und zieht ganz eindeutig den Kürzeren. Immer noch sehenswert, im Gegensatz zu Remake und Fortsetzung. (*Titel des Films*)

Sicherlich wissenswert auch für den Hausgebrauch: Die reifen Zwiebeln einer Lauchart sollen durch ihren intensiven Geruch vampirische Blutsauger von einem persönlichen Besuch abhalten können. (*Name der Pflanze*)

Sollten alle Hausmittelchen mal nicht von Nutzen gewesen sein, gilt als die wirkungsvollste Methode, einen Vampir vom Untoten zum Ganztoten zu machen, ihm einen Gegenstand aus einem der Natur vorkommenden Material in eine bestimmte Körperregion zu platzieren. Was und wohin genau? (*Gegenstand mit Materialbezeichnung UND die Körperregion; und trotzdem gibt es dafür nur einen Punkt. Echt!*)

Zurück zu den literarischen Ursprüngen der Vampire, noch vor dem seither alles überstrahlenden „Dracula": Mit epischem Umfang von 232 Kapiteln erschienen von 1845 bis 1847 die Fortsetzungsgeschichten um „Varney, den Vampir", erdacht und geschrieben von James Malcolm Rymer und Thomas Peckett Prest. Veröffentlicht wurden solche Stories mit riesigem Erfolg während des 19. Jahrhunderts in Großbritannien, in Form von wöchentlich erscheinenden Blättchen mit acht oder sechzehn Seiten, zum Preis von einem Penny. Daher auch der gebräuchliche Name dieses Pendants zu unseren Heftromanen, der auch eine gleichnamige TV-Serie inspirierte, in der sich 3 Staffeln lang Biester aller Couleur ein Stelldichein gaben. (*Bezeichnung der „Groschenhefte"*)

Ein Jahr nach „Varney" gab das Autorengespann in der Serie „The String of Pearls" einem fiktiven Serienmörder Gelegenheit für seinen ersten Auftritt, dem zuletzt 2007 eine Verfilmung von Tim Burton mit, selbstverständlich, Johnny Depp folgte. Der „Demon Barber of Fleet Street" hört auf den Namen? (*Name des Barbiers*)

Diese bisher jüngste von vielen filmischen Bearbeitungen des Themas, das natürlich auch in anderen Medien oft aufgegriffen wurde, wurde ebenfalls von einem Musical inspiriert, für das Stephen Sondheim die Musik komponierte. Sein anerkanntestes Werk ist sicherlich ein Musical, das in sehr freier Bearbeitung von Shakespeares „Romeo und Julia" die Auseinandersetzungen der Gangs „Jets" und „Sharks" erzählt. (*Titel des Musicals*)

Stephen Sondheim 1976

Eine weitere berühmte Vampirerzählung stammt von Alexei Tolstoi. „Die Familie des Wurdalak" ist nicht nur literarisch von hohem Wert: Mario Bavas „Die drei Gesichter der Furcht", ein Episodenfilm aus dem Jahre 1963, enthält eine Version der russischen Novelle und hat darüber hinaus auch für die Rockgeschichte ein nicht unerhebliches Gewicht, denn der britische Verleihtitel inspirierte die Band „Earth" aus Birmingham dazu, sich umzubenennen und fürderhin dem Heavy Metal und insbesondere seinen Spielarten Black und Doom Metal wichtigste Impulse zu verleihen. (*Britischer Verleihtitel*)

Regisseur Bavas Oeuvre speist sich zumeist aus dem Phantastischen, auch eines seiner Hauptwerke basiert auf einem Stück Weltliteratur russischer Prägung: Die Ereignisse um die auf dem Scheiterhaufen verbrannte Hexe Asa, die wiederaufersteht, um an den Nachkommen ihrer Peiniger Rache zu nehmen, soll Nikolai Gogols „Wij" nachempfunden sein, und wurde mit Vampir-Motiven aufgepimpt, was sich auch im deutschen Verleihtitel niederschlug. Barbara Steele wurde durch ihre Darstellung zu einem kurzzeitigen Kultstar im Genre-Kino der Sechziger. (*Titel des Films*)

Barbara Steele 1965

Auch bei anderen Gelegenheiten erwies sich das Auftauchen eines Vampirs als probates Mittel der Spannungssteigerung. Eine amerikanische Daily Soap, die die stark von Schauerliteratur geprägte Geschichte einer Familie in Collinsport, Maine, zum Inhalt hatte, wurde nach zehn Monaten Laufzeit und sinkenden Zuschauerzahlen mit der Einführung einer sich schnell zum Protagonisten der Serie mausernden Vampirs und in der Folge vermehrt übernatürlichen Handlungselementen zum Zuschauermagneten. In einer Neuauflage der TV-Serie spielte wiederum Barbara Steele eine tragende Rolle. (*Titel der Serie UND Name des Vampirs*)

In der kaum verjährten filmischen Fassung der Serie, 2012 besorgt vom heute scheinbar unvermeidlichen Tim Burton, war auch Jungstar Chloe Grace Moretz zu sehen. Zwei Jahre zuvor brillierte sie im Remake eines 2008 gedrehten schwedischen Streifens als kindliche Vampirin. Das dynamische Zelluloid-Duo nach einem Roman von John Ajvide Lindqvist bringt das extrem seltene Kunststück fertig, dass Original und Remake beide zu den besten Vampirfilmen insgesamt zu zählen sind, wobei die Meinungen, welches Opus nun die Nase vorn hat, auseinandergehen. (*Titel eines der beiden Filme*)

Zu Beginn der siebziger Jahre verdienten sich in Deutschland gleich zwei Medien unter dem Namen „Vampir" die Aufmerksamkeit der Fangemeinschaft, zum einen eine langlebige und wohl die interessanteste Reihe im Horror-Sektor der Heftromane, als zweites eine Filmzeitschrift, die sich (nicht überraschend) mit allen Aspekten des phantastischen Filmes beschäftigte und im Übrigen regelmäßig Berichte über alte wie neue Horrorstreifen in den gleichnamigen Heftromanen zum Besten gab. Inspiriert wurde die damals im deutschen Sprachraum neuartige Filmzeitschrift vor allem von zwei schon länger erscheinenden thematisch ähnlich gelagerten Periodika: Die erste existierte seit 1958 für 25 Jahre in den USA und wurde später wiederbelebt, Mitherausgeber war der vermutlich größte Fan und Förderer von Science-Fiction wie auch anderen phantastischen Genres, Forrest J. Ackerman; Nummer zwei war von Paris aus ab 1962 für zehn Jahre der europäische Vorreiter der Gattung. (*Name einer der beiden Zeitschriften*)

Forrest J. Ackerman 1965

85

Auch das thematisch mehr Science-Fiction und Fantasy zugeneigte Universum der Marvel Comics verzichtet nicht auf Horror-Elemente. Ein alter Gegner Spider-Mans, ein Wissenschaftler, der sich versehentlich selbst zum Vampir macht, als er versucht, seine Blutkrankheit zu heilen, kommt demnächst zu filmischen Ehren und wird von Jared Leto dargestellt werden. (*Name des Vampirs*)

Was ein guter Vampir ist, hat seine jagende Nemesis, oft in Form eines Wissenschaftlers. Noch bedeutender als die schon nachgefragten männlichen Vertreter der Gattung „Vampirjäger" ist eine junge Frau, die ihre Profession schon im Titel vor sich herträgt (zumindest im Original) und beim Start der nach ihr benannten TV-Serie noch ein Teenager ist. (*Name der Vampirjägerin*)

Zum Glück gibt´s das auch schon für die Allerjüngsten: Gerne vorgelesen wird die deutsche Buchreihe um den „Kleiner Vampir", der seine familienfreundlichen Gruselabenteuer darüber hinaus in Hörspielen, auf der Musical-Bühne und im Fernsehen erlebt. Natürlich geht es auch hier nicht ohne Vampirjäger. In der ersten Serie über Rüdiger, den kindlichen Blutsauger, wird er dargestellt von Gert Fröbe, der 1964 den wohl unvergesslichsten James-Bond-Schurken im gleichnamigen Film unsterblich machte, ebenso wie Shirley Bassey den Titelsong. (*Name des Vampirjägers UND Titel des Bond-Filmes*)

Gert Fröbe 1965

87

Zu Beginn dieses Jahrtausends hatten zwei Werke Premiere, in denen auf unterschiedliche Weise der Vampirmythos zeitgemäß aufgearbeitet wurde, beide Male ging es inhaltlich um Liebesgeschichten à la Romeo und Julia wie auch um Auseinandersetzungen der blutsaugenden Untoten mit ihren bestialischen Kollegen, den Werwölfen. Die vampirische Heldin Selene verliebt sich in einen hier Lykaner genannten Werwolf, was den seit Jahrhunderten währenden Krieg zwischen beiden Monsterrassen nicht im Mindesten entschärft. Bis 2016 folgten vier Fortsetzungen, drei weitere davon mit Kate Beckinsale als Selene. (*Titel der Reihe*)

Das zweite Opus erschien 2005 zuerst als Buch und startete damit eine gleichfalls erfolgreiche Reihe, die später auch auf die Kinoleinwände gelangte. In der mehr auf ein Teenager-Publikum ausgerichteten Romanserie wird von der Liebe zwischen Vampir Edward und Schülerin Bella erzählt, in die sich zu allem Überfluss noch der Werwolf Jacob verguckt. Natürlich können sich auch diese Ungeheuer gegenseitig nicht riechen. Der Titel der Reihe ist auch der Originaltitel des ersten Teiles als Buch und Film. (*Titel der Reihe*)

Im Sommer 1816 verbrachten fünf Menschen den Sommer in der Villa Diodati am Genfersee, was in der Folge zu literarischen Ergebnissen führte, die für die in diesem Buch behandelte Materie, zumindest ihre spätere Geltung betreffend, nicht hoch genug eingeschätzt werden können. Die britischen Schriftsteller Lord Byron und Percy Bysshe Shelley, Byrons Ex-Geliebte Claire Clairmont und deren Halbschwester sowie Byrons Arzt Dr. Polidori entschieden aus einer drogengeschwängerten Laune heraus, Gespenstergeschichten zu verfassen. Polidoris „Der Vampyr", zuerst unter Byrons Namen veröffentlicht, löste eine Begeisterung für Vampire im Vereinigten Königreich aus, von der später auch „Dracula" profitierte; die noch ungenannte Halbschwester schuf mit „Frankenstein", obwohl eigentlich der Science-Fiction zuzurechnen, einen weiteren Archetypus des Genres. Ken Russell verfilmte auf seine spezielle Art verdichtet die Ereignisse des Sommers in der Schweiz und gab dem Ganzen den Namen, der auch die literarische Gattung bestens beschreibt. (*Name der Autorin von „Frankenstein" UND Filmtitel*)

Russells übernächster Langfilm, 1988 entstanden, war die freie Bearbeitung eines Bram-Stoker-Romans, in dem vampirähnliche Wesen im Mittelpunkt stehen. Der spätere Star Hugh Grant hatte darin einen seiner ersten größeren Auftritte. (*Titel des Films*)

Ken Russell 1971

Künstliche Kreationen wie Frankensteins Monster gehören der Gattung Science-Fiction an, denn das Übernatürliche ist hier höchstens eine Nebensache. Dennoch sind bei diesem wie bei einigen Verwandten die Horror-Elemente so zahlreich vorhanden, dass sie einen gedanklichen Ausflug lohnen. Die erste relevante Kinoadaption von „Frankenstein" stammt von James Whale. Nicht nur der Darsteller des Monsters bleibt durch seine exzellente Verkörperung im Gedächtnis, auch das Make-Up, für das sich die Produktionsfirma Universal ein Copyright sicherte, ist mit der Figur fast untrennbar verbunden. (*Name des Darstellers UND Name des Make-Up-Spezialisten*)

90

Ein bedeutender Bestandteil des Romans ist der Versuch des Geschöpfes, seinen Schöpfer dazu zu bringen, ihm eine Gefährtin zu erbauen, mit der er sich dann in eine fern der Menschheit gelegene Zweisamkeit zurückziehen möchte. Der zum Schluss dann doch moralisierende Wissenschaftler vereitelt dies stets und beschwört damit sein Ende und oft auch das seiner Verlobten und weiterer Familienmitglieder herauf. Die vielleicht attraktivste „Braut" war in der 85er Version „Flashdance"-Star Jennifer Beals. Ihr Erbauer wurde von einem heutigen Superstar im Rockpop-Business gespielt. Der Ex-Polizist war in einem seiner ersten Filmauftritte heftig überfordert. (*Name des Musikers*)

Apropos Musiker: Der gerne als Schock-Rocker bezeichnete Alice Cooper widmete auf dem Album „Love it to Death" dem Darsteller des buckligen Gehilfen des Wissenschaftlers im Original-Frankenstein einen Song. (*Name des Darstellers*)

„A Strange Adventure" 1932

Eine in den Alpen verbreitete Mär erzählt desgleichen von einer künstlichen Braut, die einsame Bergbauern kreieren und zu ihrem Vergnügen missbrauchen. Später erwacht die Gestalt zum Leben und rächt sich an ihren Erschaffern und Peinigern. (*Name der Sagenfigur*)

Ein künstliches Wesen der jüdischen Mystik ist der Golem, aus Lehm geformt und von einem Eingeweihten beseelt. Im deutschen expressionistischen Stummfilm hatte er drei Auftritte; etwa zu dieser Zeit erscheint eines der Hauptwerke eines österreichischen Literaten, das wie die Filme Bezug auf die Sage nimmt, nach der ein Rabbi den Golem zum Schutz der jüdischen Bürger im Prag der frühen Neuzeit erschaffen habe. Weitere Veröffentlichungen des Autors, der esoterischen und okkulten Themen auch im wirklichen Leben stark zugetan war, sind „Walpurgisnacht", „Der Engel vom westlichen Fenster" und „Der weiße Dominikaner". (*Name des Schriftstellers UND Name des Rabbis*)

Auch im sehenswerten „The Limehouse Golem" wird darauf Bezug genommen, wenngleich hier ein Serienmörder im Mittelpunkt steht. Das Drehbuch stammt von Jane Goldman, die außer ihrer Beteiligung an „Kick-Ass" oder den „Kingsmen"-Filmen auch solo das Script für ein Geisteropus fertigte, in dem „Harry Potter"-Darsteller Daniel Radcliffe letztendlich Opfer des rachsüchtigen Gespenstes wird. (*Titel des Films*)

Damit sind wir im Bereich der Ungetüme angelangt, die die wohl schrecklichsten, weil real existierenden sind: Serial Killer. Wobei wir genau die hier fast vollständig aussparen, denn sie werden eines nicht allzu fernen Tages ihren Platz im Krimi-Quizbuch finden; Erwähnung finden in diesem Buch fast ausschließlich ihre lediglich auf Papier, Zelluloid oder anderen Medien zu Bekanntheit gekommenen Verwandten. Und wer kennt nicht die Bauernregel „Wer Serienmörder sagt, muss auch „Hannibal Lecter" sagen"? Welcher amerikanische Schriftsteller erfand den kannibalischen Psychiater und welcher walisische Schauspieler gelangte mit seiner Darstellung zu Weltruhm? (*Name des Schriftstellers UND Name des Schauspielers*)

Der Lichtgestalt unter den echten Serienmördern, wohl auch, weil sich über seine ungeklärte Identität gar trefflich spekulieren lässt, ist „Jack the Ripper", der 1888 im Londoner Stadtteil Whitechapel mindestens fünf Frauen bestialisch ermordete. In der fiktiven Medienaufbereitung der Gräueltaten verdienen für uns besonders zwei Aspekte Beachtung: die immer wieder geäußerte Hypothese, hinter Jack the Ripper verberge sich ein Angehöriger des englischen Königshauses oder dieses sei zumindest Auftraggeber der Morde, sowie der verständliche Wunsch, ein außerhalb der üblichen Hierarchien stehender Ermittler würde sich an die Fersen des Killers heften. Beide Ideen wurden schon zweimal auf der Leinwand auf unterhaltende Weise miteinander verquickt, dabei leihen John Neville und Christopher Plummer dem scharfsinnigsten aller Detektive, Sherlock Holmes, ihre Erscheinung. (*Titel eines der beiden Filme*)

Einen ähnlichen Hintergrund, mit Frederick Abberline ist der tatsächlich ermittelnde Polizeiinspektor der damaligen Untersuchung zugange, bietet die Graphic Novel „From Hell". Geschrieben wurde der Comic von einem der einfallsreichsten Autoren auf diesem Gebiet, auf dessen Konto „Die Liga der außergewöhnlichen Gentlemen" oder das etwas andere Superheldenteam „Watchmen" gehen. (*Name des Autors*)

Jack the Ripper muss auch als Mörder zweier Figuren Frank Wedekinds herhalten. Die Protagonistin der Stücke „Erdgeist" und „Die Büchse der Pandora" sowie eine weitere Hauptperson werden am Ende des zweiten Schauspiels seine Opfer. Beide Theaterstücke wurden unter ihrem Namen zusammengefasst, den ebenso die darauf basierende Oper eines österreichischen Komponisten trägt. Eine Sängerin gleichen Namens hatte 1968 einen Hit mit „I´m a Tiger" (*Name der Protagonistin UND Name des Komponisten*)

Frank Wedekind

Ein markantes Beispiel der frühen Tonfilmzeit schuf Fritz Lang 1931. Peter Lorre als Kindermörder Beckert zu Beginn seiner wechselhaften Karriere ist beängstigend gut. Seine „Erkennungsmelodie" (er pfeift ein Stück aus einer „Peer-Gynt-Suite" vor seinen Taten) führt schließlich zu seiner Ergreifung. (*Titel des Films UND Name des Komponisten*)

„Quicksand" 1950

Als der Begriff des „Serienmörders" zwar schon erfunden, jedoch noch nicht in aller Munde war, erregten die Taten Ed Geins in den USA Aufsehen. Obwohl er nach heutiger Definition kein Serial Killer ist (nach der Zahl der ihm nachgewiesenen Morde), haben die bizarren Umstände seiner Delikte Scharen von Schriftstellern und Filmemachern inspiriert. Zwei Filme mit zahllosen Fortsetzungen und Spin-Offs überragen dabei alle anderen Beschäftigungen mit dem Thema Gein. Zum einen Hitchcocks „Psycho", der weiter oben schon Gegenstand einer Frage war und von immensem Einfluss auf das phantastische Kino war und ist (die Szene in der Dusche gehört zu den meistzitierten der Filmgeschichte). In diesem Zusammenhang darf ein Werk nicht ungenannt bleiben, das heute bei vergleichbarem Sujet gleichermaßen anerkannt ist wie Hitchcocks Meisterwerk, beim Kinostart nur wenige Wochen zuvor allerdings komplett durchfiel und beinahe die Karrieren aller Beteiligten zerstört hätte: Michael Powells „Augen der Angst". Der treffendere Originaltitel nimmt Bezug auf die Geschichte der Lady Godiva von Coventry. (*Originaltitel von „Augen der Angst"*)

Hauptdarsteller Karlheinz Böhm, dessen internationale Schauspielkarriere damit schon vor ihrer Geburt zu Grabe getragen werden musste, bleibt allerdings für immer in zauberhafter Erinnerung als Film-Ehemann Romy Schneiders in einer Trilogie, die vor allem im Advent die Herzen nicht nur weiblicher ZuschauerInnen erwärmt. (*Rollenname Romy Schneiders in der Trilogie*)

Nummer zwei der Ed-Gein-Hommagen, „Blutgericht in Texas",
wurde neben dem oben behandelten „Dawn Of The Dead" zum
Schreckgespenst aller konservativen TugendwächterInnen, die in
den 70er und 80er Jahren das damals neue Medium Videofilme
mit den beliebten Genres Horror und Action auf gleiche Weise
ins Visier nahmen wie früher Comics oder später Videogames,
die für sie den Inbegriff des beginnenden Abstiegs aller Kinder
in Drogensucht, Prostitution und Auftragsmord bedeuteten,
wenn nicht sogar das Ende aller Zivilisation. Einer der
Angehörigen der degenerierten Kannibalenfamilie trägt, wie
weiland Ed Gein, eine Maske aus Menschenhaut, die auch für
seinen Spitznamen verantwortlich ist. (*Spitzname des Mannes
mit der Kettensäge*)

„Blutgericht in Texas" gilt als erster Film, der die Figur der die
Schreckenstaten überlebenden jungen Frau etabliert; eine
üblicherweise zurückhaltende, enthaltsam lebende und
strebsame Einzelgängerin am Rande der Clique. (*Gebräuchliche
Bezeichnung für die Überlebende eines Horrorfilmes*)

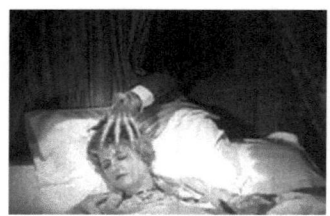

Vom „Kettensägenmassaker" ist es nur ein kurzer Schritt bis zum „Slasher"-Subgenre, das, da extrem kostengünstig zu produzieren, bei FilmstudentInnen ebenso beliebt ist wie des Inhaltes wegen bei Pubertierenden. Die Ursprünge des Slashers finden sich in den 60ern und 70ern; dabei gelten Mario Bavas „Im Blutrausch des Satans" und der kanadische „Jessy – Die Treppe in den Tod" als eigentlicher Startschuss dieser Spielart des Kinos des Schrecklichen, das dann in den 80ern seinen Höhepunkt erreichte und mit stets neuen Zwischenhochs bis heute auf Kinoleinwänden und vor allem im heimischen Player präsent ist; allein „Jessy" erhielt unter seinem feierlicheren Originaltitel 2006 und 2019 zwei bescheidene Remakes. (*Originaltitel von „Jessy – Die Treppe in den Tod"*)

Zuvor gab es außer „Psycho" und dessen Nachahmungen neben den deutschen Edgar-Wallace-Krimis auch das nach dem italienischen Wort für „gelb" benannte Subgenre, in dessen Vertretern ein, häufig maskierter, Serienmörder mit originellen Mordmethoden und -werkzeugen sein (oder ihr) Unwesen trieb. (*Italienisch „gelb"*)

Neben Bava und Dario Argento tat sich ein dritter Regisseur in dieser italienischen Spielart hervor, dessen Streifen „Der Killer von Wien" und „Der Schwanz des Skorpions" zu den besten des Subgenres gehören. (*Name des Regisseurs*)

Der erste riesige „Schlitzer"-Longseller entstand 1978. Regisseur John Carpenter schuf mit „Halloween" eine Blaupause, die neben unzähligen Epigonen auch gut ein Dutzend Fortsetzungen und Remakes nach sich zog. Wie viele seiner späteren NachfolgerInnen trägt der Killer Michael Myers eine Maske, in diesem Fall zeigt sie das Konterfei eines beliebten Schauspielers. Die Tochter der Hollywood-Stars Janet Leigh und Tony Curtis in ihrem ersten Spielfilm wurde durch diesen und ähnliche Auftritte zur „Scream Queen" Nr. 1 nicht nur ihrer Generation. (*Vorlage der Maske UND Name der Hauptdarstellerin*)

Heute mehr berüchtigt als berühmt, erscheint gute zwei Jahre später mit „Freitag, der 13." ein ähnlich folgenreicher, wenngleich qualitativ deutlich abfallender Streifen. Regisseur Sean S. Cunninghams Film brachte nicht nur den ersten Auftritt des (späteren) Killers mit der Maske eines Eishockey-Torhüters (allerdings erst ab Teil 3 zu sehen), sondern dazu noch den Star aus „Footloose" und zahlreichen anderen großen Filmen in einer seiner ersten Kinorollen. (*Name des Killers UND Name des Darstellers*)

Wie im Großteil seiner Fortsetzungen spielt auch die Handlung von „Freitag, der 13." in erster Linie in einem Freizeitcamp an einem See. (*Name des Sees*)

Ende der 80er Jahre entstand eine TV-Serie, die zwar den gleichen Originaltitel trägt, gleichwohl weder darauf aufbaut noch überhaupt (außer in einzelnen Folgen) die Slasher-Thematik berührt. Es geht vielmehr um Micki und Ryan, die den Antiquitätenladen ihres Onkels geerbt haben und nun mit Hilfe Jack Marshaks alle verkauften Gegenstände zurückkaufen müssen, weil diese verflucht sind. Somit ergibt sich hier der seltene Fall eines treffenderen deutschen Verleihtitels. (*Deutscher Titel der TV-Serie*)

Wie sich die Fragen manchmal ähneln: In Wes Cravens „Nightmare – Mörderische Träume" (1984), einem der prägnantesten Slasher-Franchises, wenngleich mit deutlich mehr übernatürlichem Anteil, hat ein späterer Superstar seine erste Filmrolle. Der später als „Jack Sparrow" beliebte Darsteller wird zum Opfer des wiederauferstandenen Kindermörders mit dem Pizzagesicht und dem typisch deutschen Namen, der im Übrigen 2003 sogar seinem „Konkurrenten" Jason in einem Special gegenüberstand. (*Namen des Schauspielers UND der Hauptperson*)

Auffällig ist, dass eminent viele Slasher nach Feier- oder Gedenktagen benannt sind, was wohl daher zu rühren scheint, dass diese häufiger als einfache Werktage Traumata verursachen, die dann Ursache der späteren Rachefeldzüge werden. So haben wir neben „Halloween" und „Freitag, der 13." noch „Blutiger Valentinstag", „Prom Night", „Muttertag" oder „Ab in die Ewigkeit", im Original „Happy Birthday To Me". Und wir reden nur über vier Jahre in der „Goldenen Zeit" der Schlitzer. Der derbe, aber zu Unrecht in Verruf geratene „Muttertag" war eine Produktion einer Firma, die ab 1984 mit Toxies Premiere in „Atomic Hero" zumeist für schräg-geschmacklose Komödien aus dem phantastischen Bereich verantwortlich zeichnete. (*Name der Produktionsfirma*)

Ein früheres Werk, der fragwürdige „Bloodsucking Freaks" (1976), war deutlich inspiriert von „The Wizard Of Gore", der einige Jahre früher unter der Regie eines Mannes entstand, der schon seit Beginn der 60er explizite Gewaltszenen in seine Filme einbaute, somit als einer der Begründer des Splatter-Genres gilt und seinen Spitznamen „Godfather Of Gore" zu Recht trug. (*Name des Regisseurs*)

Prägend für den Film-Horror wurden vor allem seine ersten Beiträge zum Genre nach einigen „Nudies", konkret die sogenannte „Blood-Trilogie", entstanden zwischen 1963 und 1965. (*Titel eines der drei Filme*)

Genug gesplattert. Neue Impulse für das darbende Horror-Kino und speziell das Slasher-Genre bannte Craven dann ab 1996 auf Zelluloid. Im für das Jahr 2022 geplanten fünften Teil werden wohl Neve Campbell, Courteney Cox und David Arquette wieder in ihre gewohnten Kostüme schlüpfen. Der Titel der Reihe ist nach einem Gemälde gewählt, auf das sich ebenso die Maske der Schlitzer bezieht. (*Titel der Reihe oder des Gemäldes*)

Die zurzeit gern gesehene Fernsehserie „American Horror Story" behandelt in jeder Staffel einen anderen Teilbereich des Unheimlichen und nimmt sich so natürlich auch die Slasher vor. Obwohl der Untertitel der entsprechenden Staffel (der 9.) an die meistbekannte Dystopie der SF erinnert, wird mit diesem lediglich auf die „Goldene" Zeit des Schlitzer-Kinos verwiesen. (*Titel der 9. Staffel*)

Eine noch größere inhaltliche Bandbreite als AHS weisen die Halloween-Specials der „Simpsons" auf (üblicherweise drei Parodien auf Filme oder Serien in den jeweiligen Episoden). Die im deutschen Verleih mit unterschiedlichen Titeln versehenen Kleinodien der Unterhaltung sind im Original durchnummeriert, haben ansonsten den immer gleichen Titel, der auf die Rahmenhandlung der ersten Ausgabe anspielt. (*Originaltitel der „Simpsons"-Halloween-Episoden*)

Eine Verbindung zu Halloween hat auch die SAW-Reihe, da alle bisherigen acht Teile am Freitag vor diesem amerikanischen Quasi-Feiertag ihren Kinostart hatten. Initiator der für das Genre recht komplexen Saga ist John Kramer, Mörder und Konstrukteur anspruchsvoller Foltermaschinen, dem innerhalb der Handlung ein Spitzname verliehen wird, der auf Titel und Inhalt Bezug nimmt. (*Spitzname John Kramers*)

Damit haben wir das Slasher-Areal verlassen und bewegen uns wieder im Bereich der realistischeren Serial Killer. Die nächsten beiden Fragen sorgen elegant und fast unbemerkt für den Übergang ins Reich der nichtmenschlichen Ungeheuer: Einer der ersten aktenkundigen Serienmörder in der Geschichte der USA ließ zur Weltausstellung 1893 in Chicago ein Hotel erbauen, das er zu einem Horror-Haus umbaute. In geheimen Zimmern und Kammern brachte er seine Opfer, bevorzugt Frauen, mit Mitteln zum Tode, bei denen er selbst nicht Hand anlegen musste, wie Säure, Gas oder Gift. Es besteht keinerlei elementare Verwandtschaft zu einem Privatdetektiv. (*Name des Serienmörders*)

Trotz der beachtlichen filmischen Möglichkeiten dieser Morde wurde die Geschichte bisher fast nur literarisch aufbereitet, und das sehr selten. Eine Ausnahme stellt eine Episode einer langlebigen Horror-TV-Serie dar, in der die Brüder Sam und Dean allerlei Scheusale sowie Luzifer persönlich als Jäger zur Strecke bringen. (*Titel der Serie*)

Die Winchester-Brüder müssen sich des Öfteren mit Werwölfen herumbalgen. Diese sind Gestaltwandler, wie sie in den Mythen vieler Völker zu allen Zeiten vorkommen. Auch hier fehlt das stilbildende literarische Original, sodass die „Spielregeln" des Subgenres erst 1941 im Spielfilm „Der Wolfsmensch" festgelegt werden: Der Biss, der im Überlebensfalle zur späteren Verwandlung (bei Vollmond) führt, der Tod durch Silber. Der dafür Verantwortliche aus Deutschland emigrierte Drehbuchautor Curt hatte einen älteren Bruder Robert, der wie jener im Filmbusiness tätig war. (*Familienname der Brüder*)

Der Regisseur des „Wolfsmenschen", George Waggner, sowie zahlreiche andere seiner Kollegen tauchen als Hommage in den Rollennamen eines weiteren Werwolf-Heulers aus dem Jahr 1981 auf. (*Titel des Filmes*)

Für die Verwandlung der Menschen in Wölfe war darin einer der profiliertesten Maskenbildner des Filmgeschäfts verantwortlich, der sich als absoluter Werwolf-Spezialist erweisen sollte. Für die Masken des im selben Jahr entstandenen „American Werewolf" sowie gute 30 Jahre später für das Remake von Waggners Arbeit „Wolfman" erhielt er zwei seiner bisher sieben Oscars. (*Name des Maskenbildners*)

Filmhistorisch kaum mehr als eine Marginalie, aus dem europäischen Kino des Phantastischen der 70er Jahre aber schwerlich wegzudenken, und das mit zahlreichen VerehrerInnen selbst in der Gegenwart: Der Spanier Jacinto Molina Álvarez. Er spielte alle legendären Horrorungetüme, besonders am Herzen lag ihm dabei der Werwolf; in Drehbüchern, die er sich selbst auf den Leib schrieb, trug dieser „Hombre Lobo" meist denselben Namen. (*Pseudonym Álvarez' UND Rollenname als Werwolf*)

Der historisch belegt, wenngleich niemals aufgeklärte Fall der „Bestie des Gévaudan" liegt einem französischen Streifen des Jahres 2001 zugrunde, der gekonnt Elemente des Horror-Kinos, des Historien- und des Martial Arts-Films mischt. Das damalige Ehepaar Monica Bellucci und Vincent Cassel hatte darin seinen dritten gemeinsamen Leinwandauftritt. (*Titel des Films*)

Bleiben wir im Nachbarland: Ein Märchen, dessen Ursprünge bis zum Beginn der Neuzeit zurückgehen, hat längst weltweite Anerkennung erlangt. In der geläufigsten Version von Jeanne-Marie Leprince de Beaumont handelt die Erzählung von der „Schönen und dem Biest" (oder „dem Tier") von einem (na, klar) verwunschenen Prinzen, dessen Äußeres in den meisten Filmbearbeitungen einem Werwolf schon recht nahekommt. Der letzte Beitrag aus dem Jahre 2017, die Realverfilmung eines Disney-Trickfilms von 1991, sieht in einer der beiden Titelrollen eine vor allem als Hermine Granger zu Starruhm gelangte britische Schauspielerin. (*Name der Darstellerin*)

Einer der schon oben angesprochenen Horrorfilme von Jacques Tourneur hat desgleichen Wer-Tiere zum Inhalt. Diesmal geht es, animalisch betrachtet, nicht um Verwandte der Hunde, sondern der anderen universellen Lieblingshaustiere. Die Serbin Irena glaubt, dass sie sich in einen Panther verwandelt, wenn sie Sex hat (was im Entstehungsjahr 1942 natürlich nur dezent angedeutet wird, im Gegensatz zum Remake von 1982), und behält damit vielleicht sogar Recht. (*Titel des Films*)

Für den Soundtrack des Remakes war (neben David Bowie, der den Titelsong textete und sang) ein italienischer Komponist und Produzent verantwortlich, der als Pate der Disco-Musik bezeichnet wird und außer Donna Summers größten Hits die Musik zu „Flashdance" und zur Neubearbeitung von Fritz Langs „Metropolis" (1984) komponierte. (*Name des Komponisten*)

Wohl geht es nun nicht um Wer-Tiere im eigentlichen Sinne, aber doch um den literarischen Prototyp eines „Mad Scientist", der Zwitter aus Mensch und Tier erschafft: „Die Insel des Dr. Moreau", erdacht von einem englischen Schriftsteller, dessen Werke wie „Die Zeitmaschine" oder „Der Krieg der Welten" zu den wichtigsten der frühen Science-Fiction gehören. (*Name des Autors*)

Auffällig an den bisher drei relevanten Verfilmungen des Romans ist die Tatsache, dass der Darsteller des Dr. Moreau an schauspielerischem Kaliber zunimmt (und schon der Erste war ein Hammer!), die Qualität des Endprodukts allerdings trotzdem (oder gerade deswegen?) immer weiter absinkt. (*Name eines der drei Darsteller für den Punkt*)

Auch außerhalb der Klasse der Säugetiere sind Wer-Wesen nicht undenkbar, wie die nächsten Fragen belegen werden: Einer meiner Lieblingsfilme aus dem Hause Hammer entstand 1966, die andere von zwei großartigen Arbeiten John Gillings, deren Handlung in Cornwall angesiedelt ist. Ein seltener filmischer Fall eines Wer-Schuppenkriechtieres, dessen wissenschaftlich veraltete Bezeichnung im Titel vorkommt (*Titel des Films*)

Im Laufe vieler Jahre sind Sichtungen von Gestaltwandlern der unterschiedlichsten Tierfamilien ans Tageslicht gekommen. Dass die Wirkung von „Gelée royale" zur Verlangsamung des menschlichen Alterungsprozesses mächtig überschätzt wird, zeigt in aller Deutlichkeit ein Werk aus der Corman-Factory aus dem Jahr 1959 mit Susan Cabot in der Titelrolle. (*Titel des Films*)

Weniger royal, stattdessen triebhaft und ordinär gebärdet sich Jeff Goldblum in „Die Fliege", nachdem er sich versehentlich zusammen mit einer Stubenfliege teleportiert hat, deren DNA dadurch mit seiner vermischt wurde. Der Regisseur gilt als ein wichtiger Vertreter des „Body Horror". (*Name des Regisseurs*)

Filmhistorisch ein Episödchen blieben bisher die Leinwandausflüge wieder zum Leben erweckter Toter ohne tierische Beigabe. Gemeint sind, richtig, Mumien, im genreüblichen Regelfall zu Lebzeiten und danach der altägyptischen Kultur zugehörig. Nicht das erste, wohl aber das beste, ganz sicher eines der wenigen sehenswerten Beispiele der Zelluloidwerke, die bandagierte Bösewichte in den Mittelpunkt stellen: „Die Mumie" und Boris Karloff mit einer seiner exzellentesten Darstellungen. Der Regisseur machte sich einen Namen als Kameramann im deutschen Stummfilm. Der Mann mit dem freundlichen Namen zeichnete neben unbedeutenderen Inszenierungen für einen weiteren Horror-Evergreen verantwortlich, die zweite Verfilmung des Romans „Les Mains D´Orlac" von Maurice Renard. (*Name des Regisseurs UND Titel der zweiten Regie-Arbeit*)

Nach zahlreichen Fortsetzungen aus dem Hause Universal und einem Remake plus einiger Neubearbeitungen aus dem Hause Hammer erfuhr der Stoff zur Jahrtausendwende eine zeitgemäße und zum Großteil sehenswerte Neuinterpretation, was ebenso die Fortsetzung, aber ausdrücklich nicht mehr den dritten Teil einschließt (der sich mit einem neuen Regisseur einem anderen Kulturkreis widmet). Der vorerst letzte Versuch sollte Universals furioser Start ins „Dark Universe" werden, moderne Aufgüsse der schon oft gesehenen, fast hundertjährigen Filmmonster. Trotz sehr prominenter Besetzung, die Hauptrolle hatte der erfolgsverwöhnte Superstar und Ex-Mann von Mimi Rogers, Nicole Kidman und Katie Holmes inne, werden dem Kassenflop nurmehr einzelne Reboots folgen. (*Name des Hauptdarstellers*)

Dass das „Fluch der Pharaonen"-Material auch ohne eingewickelte alte Männer funktionieren kann, belegt ein Roman Bram Stokers, der beschreibt, wie eine junge Frau vom Geist einer bösen Pharaonin in Besitz genommen wird. (Deutscher *Titel des Romans ODER erheblich abweichender Originaltitel des Romans*)

Ein weiterer Horror-Archetyp, in gewisser Weise wieder ein Gestaltwandler, ist der altruistische Dr. Jekyll, der sich in den bösartig-hedonistischen Mr. Hyde verwandelt. Der Autor der Erzählung, Robert Louis Stevenson, schuf sein wohl angesehenstes Werk mit einem der ganz großen Abenteuerromane der Weltliteratur. (*Titel des Romans*)

Robert Louis Stevenson 1893

Zu erwähnen bleibt sicher, dass das optische Bild Mr. Hydes von abstoßend hässlich der ersten Stumm- und frühen Tonfilme sich wandelt hin zu extrem attraktiven Männern und auch Frauen. Exemplarisch folgt jetzt die Frage nach einem nicht exemplarischen Vertreter von Stevensons Schöpfung: Inszeniert wurde der Film 1959 vom Sohn eines der führenden impressionistischen Maler des ausgehenden 19. Jahrhunderts und mit veränderten Namen, die gespaltene Persönlichkeit trägt hier die Namen Cordelier und Opale. (*Titel des Films UND Name des Regisseurs*)

Eine weitere Stevenson-Verfilmung zeigt Karloff und Lugosi in ihrer vielleicht markantesten Kollaboration: „Der Leichendieb" verarbeitet eine echte Mordserie im Edinburgh in der Mitte des 19. Jahrhunderts, bei der ein Arzt sich Leichen zu anatomischen Zwecken beschaffte, die tatsächlich von seinen Lieferanten ermordet wurden, um den Sezierbedarf der Studenten zu decken. (*Name des Arztes ODER Namen der Leichenlieferanten*)

Auch das „Phantom der Oper" leitet seine Herkunft von einem Schauerroman her: Besonders die in zahlreichen Verfilmungen herausgestellten labyrinthartigen Örtlichkeiten unter dem Opernhaus bleiben im Gedächtnis. Der Name des Autors deutet vielleicht an, in welcher Stadt das real existierende Gebäude inklusive der katakombengleichen Kellergewölbe liegt. (*Name des Autors UND Name der Stadt*)

Die bekannteste Filmversion des Stoffes ist wohl der Stummfilm aus dem Jahre 1925; unvergesslich die (später oft kopierte, aber selten erreichte) Demaskierung des Phantoms, gespielt vom „Mann mit den 1000 Gesichtern". (*Name des Darstellers*)

Kulturell Interessierte der heutigen Zeit dürften mit dem Musical vertraut sein, das das gleiche Sujet behandelt. Die Musik schrieb der prominenteste zeitgenössische Musical-Komponist, der sich schon mit Werken wie „Jesus Christ Superstar", „Evita" oder „Cats" unsterblich gemacht hatte. (*Name des Komponisten*)

Es folgt nun ein Potpourri mit Fragen rund um weitere menschliche oder menschenähnliche Scheusale: Ein in der frühen phantastischen Literatur wie im Stummfilm gern verwendetes Thema war das des Doppelgängers. In mehreren Fassungen im Stummfilm und frühen Tonfilm behandelte „Der Student von Prag" publikumswirksam diesen Stoff. Autor der Vorlage wie auch Co-Regisseur der ersten Verfilmung war ein zu Lebzeiten so vielgelesener wie umstrittener deutscher Autor, dessen vielleicht populärstes Werk der Roman „Alraune" war. (*Name des Schriftstellers*)

Ein Doppelgänger anderer Art, gleichwohl mehr ein Spiegelbild der verdorbenen Seele des Protagonisten, begegnet uns in einem weiteren Klassiker der Weltliteratur: „Das Bildnis des Dorian Gray" erzählt die Geschichte eines jungen Dandys, dessen Porträt an seiner Stelle altert, wobei das Gesicht immer boshaftere Züge annimmt, bedingt durch Grays sich steigernde Ausschweifungen jeglicher Art im realen Leben. (*Name des Autors UND Name der jungen Schauspielerin, die Gray in den Selbstmord treibt*)

Schon in der Antike waren Dämonen beiderlei Geschlechts gefürchtet, die sich mit schlafenden Menschen paaren und ihnen so die Lebensenergie entziehen. In den Medien führen sie ein Schattendasein; eine Ausnahme ist sicher „Incubus" (1966), Hauptdarsteller William Shatner noch vor seiner TV-Karriere als James T. Kirk. Das (fast) Alleinstellungsmerkmal dieses Filmes ist jedoch ein anderes. Und zwar? (*"Alleinstellungsmerkmal" von "Incubus"*)

Und wie nennt man gleich die weiblichen Vertreterinnen dieser Dämonenspezies? (*Bezeichnung für einen weiblichen Incubus*)

Ein schön verrücktes Exemplar der eigentlich mehr zur Science-Fiction gehörenden Gattung der „Mad Scientists" findet sich im deutschen Heftromanbereich: Der damalige Champion der Indizierungen (über ein Dutzend betroffener Ausgaben, was automatisch zur Dauerindizierung und letztendlich zur Einstellung der Reihe führte) war eine Serie über einen Chirurgen der englischen High Society mit eigenwilligen Moralvorstellungen, dessen engster Mitarbeiter ein soziopathischer Frauenmörder war. Die Serie erscheint seit einiger Zeit in Neuauflage, zuletzt mit damals unveröffentlichten Bänden. (*Name der Serie oder des Arztes*)

Irgendwie auch ein Wissenschaftler: Die Titelheldin des Romans „Trilby" wird unter dem Druck eines übersinnlich begabten Hypnotiseurs zu einer Art lebendem Musikinstrument, die Geschichte endet für beide wie andere Beteiligte tragisch. Der zu erratende Name des miesen Mesmeristen wird vor allem im angelsächsischen Sprachraum als Synonym für einen böswilligen Manipulator im Schatten des Geschehens benutzt. (*Name des Hypnotiseurs*)

Ähnlich manipuliert wie Trilby wird der Schlafwandler Cesare, am Tage Jahrmarktsattraktion, des Nachts Mordwerkzeug seines Gebieters, der im Titel des gesuchten Stummfilms auftaucht; das expressionistische Meisterwerk ist hierzulande sicherlich geläufiger als Trilbys zu Herzen gehende Lebensgeschichte. (*Titel des Films*)

„Cesare"-Darsteller Conrad Veidt hatte mit seinem vorletzten Erscheinen auf der Kinoleinwand als Major Strasser in „Casablanca" einen noch kultverdächtigeren Auftritt. Kein Horrorfilm, daher gibt es einen Punkt für einen Rollennamen eines weiteren damals Beteiligten. (*Rollenname einer Person in „Casablanca"*)

Cesares Heimat, der Jahrmarkt, darin insbesonders ein mysteriöses Karussell, das das körperliche Alter von Menschen verändern kann, steht im Mittelpunkt von „Das Böse kommt auf leisen Sohlen". Zum Oeuvre des Romanautors gehören vor allem Science-Fiction-Klassiker wie „Fahrenheit 451" oder „Die Mars-Chroniken". (*Name des Autors*)

Die Grenzen zwischen Jahrmarkt- und Zirkusvergnügen sind fließend; die Manege im großen Zelt, die Artisten und Tiere, die sich im grellen Scheinwerferlicht dem sensationsgierigen Publikum präsentieren, straff geführte (Familien-)Betriebe, verantwortlich für Wohl und Wehe einer überschaubaren Menge von Menschen, die in Liebe wie Hass miteinander verbunden sind – das Zirkusmilieu eignet sich ungleich mehr als Schauplatz für Melodramatisches wie auch für Kriminal- und Horrorgeschichten, als der verwandte Kirmesrummel. So bietet das Zirkusrund das Umfeld eines lange Zeit verkannten Films aus dem Jahr 1932, in dem die Angehörigen einer Kuriositätenschau grausame Rache an einem geldgierig-niederträchtigen Artisten-Paar nehmen, das einen der ihren zu ermorden versucht hatte. Die körperlich „Missgestalteten" (deutscher Verleih-Untertitel), die sich den schönen, aber geistig „Missgestalteten" moralisch und praktisch als weit überlegen erweisen – zu starker Tobak für die amerikanischen Kinobesucher der 30er Jahre. Obwohl er kurz zuvor noch Aufsehen mit seiner „Dracula"-Version erregte, setzte der Film Regisseur Tod Brownings Karriere nahezu ein Ende. (*Titel des Films*)

Wer Zirkus sagt, muss auch „Clown" sagen. Wiewohl für die meisten Kinder und Kind gebliebenen die unvergesslichen Leistungen von kostümierten Spaßmachern wie Grock oder Charlie Rivel ein Höhepunkt der Darbietungen in der Manege sind und bleiben werden, tritt vor allem in den letzten Jahren die unter Klein und Groß verbreitete Angst vor Clowns immer mehr in den Fokus der Öffentlichkeit, was sich sowohl im Horror-Genre als auch kurzzeitig im Internet mit dem Phänomen „Horror-Clowns" niederschlägt. (*Fachbegriff für die Angst vor Clowns*)

Der neben Batmans Intimfeind Joker vermutlich verrufenste unter den Gruselclowns ist eine Erscheinungsform des titelgebenden bösen Charakters in Stephen Kings „Es", nach dem sich eine US-Punkband benannte. (*Name des Clowns in „Es"*)

Wenngleich die Verbindung zum Punk ein wenig konstruiert wirkt: Ein Namensvetter eines der größten amerikanischen Helden beging einen Teil seiner zahlreichen Untaten als Serienmörder in seiner Verkleidung als „Pogo der Clown" und war dadurch tatsächlich ein Teil von Kings Inspiration zu dessen Roman. (*Vor- und Zuname des Serienkillers*)

Stephen King ist nicht nur der einflussreichste Horror-Autor der Gegenwart, sondern darüber hinaus einer der bestverdienenden Schriftsteller weltweit; mindestens ein guter Grund für einen neuerlichen Fragen-Exkurs: Die meisten Arbeiten des in Portland geborenen King sind geografisch im US-Bundesstaat seiner Heimatstadt anzusiedeln. (*Name des Bundesstaates*)

Sein erster veröffentlichter Roman handelt von einer telekinetisch begabten Schülerin, die sich für erlittene Demütigungen mit einem Blutbad an MitschülerInnen und ihrer bigotten Mutter rächt. Schon vor diesem 1974 erschienenen Erstling hatte King Romane geschrieben, die er später überarbeitet unter einem Pseudonym herausbrachte. (*Titel des Romans UND Pseudonym Stephen Kings*)

„All work and no play makes Jack a dull boy". Dieses schon im 17. Jahrhundert geläufige Sprichwort ist eine der originellsten Zeilen in der gewöhnlich maßlos überschätzten Erstverfilmung eines seiner Werke, in der ein Jack den Jack spielt, der über den Sprichwort-Jack schreibt. (*Titel des Films UND Name des Darstellers*)

Interessanterweise gelten die Stephen-King-Verfilmungen als die besten, in denen das Übernatürliche lediglich eine Randnotiz darstellt, beispielsweise „Misery", „Dolores" oder „Stand By Me". Bei Fans wie Kritikern besonders beliebt ist ein Gefängnisfilm aus dem Jahr 1994, der Tim Robbins als Leading Man sieht. (*Titel des Films*)

Der Originaltitel der zugrunde liegenden Kurzgeschichte enthält den Namen eines weiblichen Hollywood-Stars der Studio-Zeit, der 1918 als Margarita Cansino zur Welt kam. (*Name der Schauspielerin*)

Margarita Cansino 1940

Kings einzige Arbeit als Regisseur gerät zu einem beachtlichen Flop; die Leinwandversion der Story „Trucks" erhält 1987 mehrere Nominierungen für die Goldene Himbeere. (*Titel des Films*)

124

Zum Ende des King-Kapitels sollte nicht die Frage nach seinem Hauptwerk ausbleiben, einem achtbändigen Fantasy-Zyklus, der die Reise eines Revolvermannes und seiner GefährtInnen beschreibt, die das Multiversum vor dem Scharlachroten König erretten müssen. (*Titel des Romanzyklus*)

Echten Grusel gibt es nicht nur in der Zirkusmanege, sondern genauso auf den Brettern, die die Welt bedeuten. Herausragend in Bezug auf unser Thema war eine Pariser Institution, die nach einer Kasperle-Figur benannt wurde und von 1897 bis 1962 in schöner Regelmäßigkeit allabendlich Theaterstücke verschiedener Gattungen zur Aufführung brachte, die die Grenzen des damaligen „guten Geschmacks" weit überschritten und sehr inspirierend auf den späteren Splatter-Film einwirkten. Der Name des Hauses ist inzwischen als Genre-Bezeichnung geläufig. (*Name des Theaters*)

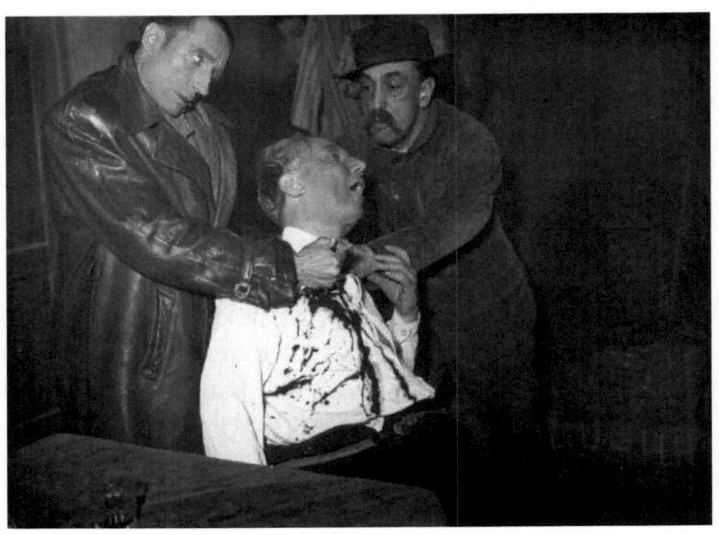

Mit ähnlicher Programmstruktur, freilich ohne die damalige Schockwirkung zu erreichen, agiert das freie „Horrortheater", das 2011 in Köln gegründet wurde und mittlerweile in einer anderen deutschen Großstadt seine Heimat gefunden hat. (*Name der Stadt*)

In „Theater des Grauens" (1973) darf sich der von der Kritik missverstandene Vincent Price mithilfe seiner Filmtochter Diana Rigg durch die Creme der britischen Film- und Bühnenschauspieler meucheln; als Anleitung gelten ihm in dieser sehr schwarzen Komödie die zum Glück sehr zahlreich ausgeführten Morde in den Stücken seines Idols, des Barden aus Stratford. (*Name des Dramatikers*)

„Im Rampenlicht des Bösen" (1972) befindet sich eine Theatergruppe, deren Angehörige in einem englischen Seebad ebenfalls der Reihe nach auf mehr oder weniger originelle Weise zu Tode kommen. Regisseur Pete Walker erweckte in den Folgejahren Aufmerksamkeit durch zwei derbe Streifen: Im ersten geht ein älteres Ehepaar nach der Entlassung aus der Psychiatrie weiterhin seinen kannibalistisches Neigungen nach, Nummer zwei erzählt eine besonders trostlose Geschichte über „Frauen in Gefängnissen". Ein Titel genügt für den Punkt. (*Ein Titel der späteren Pete Walker-Filme*)

Eine bitterböse „Kasperle"-Figur der besonderen Art sucht sich ihre Opfer in „Child's Play" (1988, Originaltitel); darin schlüpft die Seele eines Serienmörders mithilfe schwarzer Magie in eine Kinderpuppe und begeht weitere Verbrechen. Der deutsche Verleihtitel wie die bisher sechs Fortsetzungen sind nach der Puppe benannt. (*Name der titelgebenden Kinderpuppe*)

Nochmal klein und böse: Der aus der irischen Folklore stammende Leprechaun zeigt sich in der nach ihm benannten Filmreihe von seiner schlechtesten Seite. Im ersten Teil spielt eine durch die TV-Serie „Friends" zu Starruhm gelangte Darstellerin ihre erste Kinohauptrolle. (*Name der Darstellerin*)

Meist von harmloser Natur sind die schalkhaften kleinen Gestalten aus dem benachbarten England, nach denen eine Reihe von Büchern für die allerkleinsten wie auch eine famose Indie-Rock-Band aus Boston benannt sind. (*Name der kleinen Schlingel*)

Selbst auf Reisen ist man nicht vor Kobolden gefeit: Auf See ist es ein Krachmacher, den Pumuckl zu seinen Vorfahren zählt, in der Luft spielt schon seit dem zweiten Weltkrieg eine Kreatur Flugzeugpiloten und Passagieren ihre Streiche, die man laut späteren Filmauftritten möglichst nicht nach Mitternacht füttern sollte. (*Namen der beiden Wesen*)

Aus dem großen Fundus britischer und irischer Folklore sind nun noch zwei weitere Übernatürlichkeiten zu erraten: Eine im Deutschen oft als „Todesfee" bezeichnete Frau, deren Erscheinen einen nahen Todesfall ankündigt (wobei sie selten wirklich gesehen wird, sondern lediglich ihr unheimliche, klagendes Heulen gehört) und ein pferdeartiger Wassergeist, der in Märchen und Sagen oft von bösem Charakter ist; ein Song von „Jethro Tull" ist nach diesem Geschöpf benannt. (*Namen der beiden Inselbewohner*)

Kryptozoologen würden sie nicht als Fabeltiere bezeichnen: Den Schneemenschen des Himalaya, und sein nordamerikanisches Gegenstück, das mehrere geläufige Bezeichnungen trägt. (*Namen beider behaarter Riesenmenschen oder -affen oder -sonstwas*)

In Süd- und Mittelamerika verbreitet der „Ziegensauger" Angst und Schrecken, ein vampirisches Tier, das sich vorwiegend von Ziegen und Schafen ernährt. (*Spanische Bezeichnung für den Ziegensauger*)

128

Im orientalischen Kulturkreis ist der „Ghul" ein oft menschenfressender Dämon, der sich in westlichen Unterhaltungsmedien inzwischen zu einem Leichenfresser gemausert hat. „Ra´s al Ghul" hingegen ist einer der Hauptgegenspieler eines maskierten Superhelden aus dem Hause DC. (*Name des Superhelden*)

Eine Schreckensgestalt auf den Philippinen erscheint häufig ebenfalls als Leichenfresser, manchmal als vampirähnliches Wesen, das Säuglinge, gerne auch im Mutterleib, aussaugt oder verspeist. Yummy! (*Name des Ungetüms*)

Geschöpfe, die in der Architektur als Wasserspeier fungieren, werden in Film und Literatur gerne zu unnatürlichem und zerstörerischem Leben erweckt, wobei sie sich als Zeichentrickfiguren bei Disney auch von ihrer netten Seite zeigen können. (*Bezeichnung für Wasserspeier*)

Zu guter Letzt suchen wir noch die gebräuchlichste Bezeichnung für ein chimärenartiges Fabelwesen aus Bayern, das in unzähligen Mischvariationen existiert, aber kaum den Allerkleinsten Angst einjagen dürfte. (*Name des Bajuwaren)*

Obwohl genau dies ihre eigentliche Aufgabe war, dürften die knuffigen animierten Viecher aus einer niedlichen Pixar-Produktion des Jahres 2001 für mehr Vergnügen als Horror gesorgt haben. Der Titel ist Programm. (*Titel des Films*)

Nachdem wir schon mehrfach mit Mischwesen aus Mensch und Tier zu tun hatten, begrüßen wir jetzt einen ihrer angesehensten Vertreter, bevor wir uns abschließend dem reinen Tierhorror widmen: „Der Schrecken vom Amazonas", auch als Ungeheuer der Schwarzen Lagune bezeichnet, tragisch verliebt in eine Menschenfrau (gilt das bei den ArtgenossInnen eigentlich als unschicklich?), genau wie sein affiger Vertreter aus der gleich folgenden Frage. Im Kostüm des Kiemenmannes steckten zwei Darsteller, an Land Ben Chapman, bei den kunstvollen Unterwasseraufnahmen ein Tauchspezialist, der später an James Bond-Filmen arbeitete und maßgeblich an der Entwicklung einer Fernsehserie um einen zahmen Delfin beteiligt war. (*Name des Tauchers UND des Delfins*)

Ebenso tragisch das Ende King Kongs: Weniger intim als beim Fischmenschen, der Extrovertiertheit und Körpergröße des Menschenaffen entsprechend, findet dieser sein Ende in den meisten Filmversionen in einer Materialschlacht auf den höchsten Gebäuden New Yorks. Eines der wenigen Untiere der Goldenen Zeit, das nicht literarischen Ursprungs ist, hat sein Domizil ursprünglich auf einer verborgenen Insel, die in der Nähe Indonesiens oder weiter im Pazifik zu verorten ist. Einer der aktuelleren Auftritte Kongs ist nach ihr benannt. (*Name der Insel*)

Wal, da bläst er! Einer der größten Romane der Weltliteratur, Herman Melvilles „Moby Dick", kann sicher als einer der ersten Vertreter der Gattung „Tierhorror" angesehen werden, obgleich das Tier in diesem Fall, im Gegensatz zu den meisten moderneren Genrebeispielen, der Gejagte ist. Wie lautet der erste Satz des Werks? (*Erste drei Wörter von „Moby Dick"*)

Steven Spielbergs „Der weiße Hai" gilt nicht nur als Beginn des sogenannten „Blockbuster"-Kinos, sondern auch als Startschuss einer Vielzahl von Filmen mit vergleichbarem Aufbau, genau wie solcher Streifen, in denen die Natur gegen ihre Ausbeutung durch den Menschen zurückschlägt. Der Originaltitel bedeutet übrigens „Kiefer". (*Originaltitel von „Der weiße Hai"*)

Schon in den 50er Jahren hatte es zahlreiche Tierhorrorfilme gegeben, von denen gleich noch manche zum Fragegegenstand werden sollen. Meistens B-Pictures mit billigen Tricks, waren diese schon aus damaliger Sicht mehr zum Schmunzeln als zum Gruseln. Eine rare Ausnahme war sicher Alfred Hitchcocks Beitrag „Die Vögel", in dem ein kalifornisches Küstenstädtchen von Schwärmen todbringender, richtig, Vögel heimgesucht wird. Filmhistorisch sicher interessant, dass Hitchcock auf einen musikalischen Soundtrack verzichtete und stattdessen auf Soundeffekte aus dem Trautonium setzte. (*Name des Komponisten der Effekte*)

Nicht nur DarstellerInnen verdienen sich häufig ihre ersten Sporen mit billigen Genrebeiträgen; der Regisseur von zwei der drei finanziell erfolgreichsten Filme der Geschichte arbeitete sich hinter den Kulissen auf den Regiestuhl hinauf, wobei dann sein erstes Werk, der zweite Teil von entschieden zu vielen über Piranhas, in jeglicher Hinsicht zum Fiasko wurde. (*Name des Regisseurs*)

Als genauso ungenießbar, vor allem in filmischer Hinsicht, erwies sich „Mega Piranha" (2009). Dessen vor allem auf „Mockbuster" spezialisierte Produktionsfirma, deren Name vielleicht Rückschlüsse auf den mentalen Zustand der Produzenten zulässt, ist wenige Jahre später ein Glückstreffer mit einem völlig ernst gedachten Stück Zelluloid gelungen: Der Kultkracher mit bisher fünf (parodistischen) Fortsetzungen erzählt von lebenden Haien, die durch Tornados nach Los Angeles geweht werden, wo sie dann die dort lebenden Menschen töten und verspeisen. (*Name der Produktionsfirma UND Titel des Films*)

Aus den Meerestiefen zurück an Land: Fast alles, was da kreucht und fleugt und krabbelt, durfte mal auf die Menschheit losgelassen werden. Bleiben wir zunächst bei den Krabblern: Vor allem in den schon angesprochenen Streifen der 50er Jahre haben Insekten und Spinnentiere buchstäblich eine große Bestimmung. Die Richtung wies 1954 ein Film über mutierte Ameisen, die wie ihre knorpeligen Freunde ebenfalls zur Bedrohung für L.A. werden, da sie, ins Riesenhafte angewachsen, Kolonien in der Kanalisation bilden. (*Titel des Films*)

Von ähnlicher Thematik, wobei allerdings der Riesenwuchs nicht durch radioaktive Strahlung, sondern durch einen Mad Scientist verursacht wird, erzählt im Folgejahr ein Werk von Science-Fiction-Spezialist Jack Arnold; da die Furcht vor Spinnen deutlich verbreiteter als etwa die vor Ameisen zu sein scheint, bleibt dieser Film, der die entsprechende Tiergattung im Titel trägt, als einer der Hauptvertreter des Tierhorrorfilms im Kollektivbewusstsein aller KinogängerInnen zurück. In einer Kleinstrolle ist, kaum erkennbar, ein späterer Superstar zu sehen. (*Titel des Films UND des Schauspielers*)

134

Zwei weitere Filme, in denen jeweils Unmengen unserer achtbeinigen Lieblinge unterwegs sind, sind jetzt zu erraten: Ein todernstes B-Movie, in dem der unverwüstliche William Shatner und Woody Strode in einer amerikanischen Kleinstadt erkennen müssen, dass die vergewaltigte Umwelt irgendwann zurückschlägt, und ein teils komödiantischer Streifen, der neben Jeff Daniels und Julian Sands John Goodman auf der Jagd nach Exemplaren einer eingeschleppten Spinnenart zeigt. Beide Filmtitel bringen die Angst vor Spinnentieren auf den Punkt. (*Titel der beiden Filme*)

In vielen seiner Leinwandwerke nehmen ins Riesenhafte gewachsene Lebewesen, Mensch wie Tier, eine zentrale Position ein; so lautet denn der Spitzname des Masterminds hinter „Die Rache der schwarzen Spinne", „In der Gewalt der Riesenameisen" oder „Gigant des Grauens" folgerichtig „Mr. Big". (*Voller Name von Mr. Big*)

Joan Collins in „In der Gewalt der Riesenameisen"

Heuschrecken, eine Gottesanbeterin, Skorpione, Kakerlaken, Würmer – die Liste der Tierarten, denen irgendwann der Kragen platzt, lässt sich fast endlos erweitern, sodass wir nurmehr einige besondere Kuriositäten oder ein, zwei positiv bemerkenswerte Beispiele herausgreifen wollen: Ein sich von seinem Chef, den KollegInnen und sowieso der ganzen Welt ungerecht behandelt fühlendes Muttersöhnchen dressiert im heimischen Umfeld ein Rattenrudel und benutzt dieses für seine Rache. Der Streifen und seine Fortsetzung sind nach dem Mann und dem Anführer des Rudels benannt. (*Titel eines der beiden Rattenfilme*)

Die Mutter wird von Elsa Lanchester gespielt, vielseitige Akteurin und Ehefrau Charles Laughtons. Horrorfans wird sie für ihren kurzen Auftritt als Titelfigur mit unvergesslicher Frisur in einer exzellenten Fortsetzung eines großen Vorgängers im Gedächtnis bleiben. (*Lanchesters bekannteste Rolle*)

Eine Trilogie über mutierte Ratten („Die Ratten"/"Die Brut"/"Domain") gehört zu den in Erinnerung bleibenden Werken eines 2013 verstorbenen britischen Autors, der in seinen Arbeiten nicht mit Sex und Gewalt geizt. (*Name des Schriftstellers*)

Albern wird es in „Night Of The Lepus" (1972): Western-Spezialist Willam F. Claxton lässt seine possierlichen Tier-Mutanten auf Janet Leigh und Stuart Whitman los und erzeugt dabei mehr Heiterkeit als Furcht. Schon 1959 hatte Ray Kellogg in „The Killer Shrews" die Latte mit als Monster-Mäusen kostümierten Hunden sehr hochgelegt. (*Ein deutscher Verleihtitel eines beiden der Filme*)

Einmal mit alles bitte, scharf: Im gemeinhin unterschätzten „Das Relikt" nach dem Romanerstling eines US-Autorenduos, das seit 1995 zahlreiche Thriller mit häufig übernatürlichen Themen vor wissenschaftlichem Hintergrund veröffentlichte, stellt sich das Ungeheuer als pikante Mischung verschiedenster DNA heraus und schaut entsprechend aus. Verantwortlich für die Kreatur der brasilianischen Zinzieras war ein Spezialist für Effekte und Make-Up, der vor allem für seine Arbeit an der „Terminator"-Reihe bekannt ist. (*Namen der Autoren UND Name des Trickspezialisten UND Name der Bestie*)

Vor allem im filmischen Bereich des Tier-Horrors ist die Grenze zu Parodie und Komödie oft fließend, wenn auch oft unbeabsichtigt. Ein Roman Stephen Kings aus dem sogenannten „Castle-Rock-Zyklus" scheint in diese Richtung zu gehen, da es sich beim titelgebenden Hund um einen Bernhardiner handelt, dessen Beschützerinstinkte sich nach dem Biss einer tollwütigen Fledermaus ins Gegenteilige verkehren; tatsächlich ist die Handlung recht kompromisslos und lässt sogar den vierjährigen Sohn der Familie zu Tode kommen. (*Titel des Romans*)

Hab' ich da „Parodie und Komödie" gehört? Gut, das gibt dann wenigstens ein lustiges Finale dieses streckenweise doch recht düsteren Quizbuches. Eine Hommage an Science-Fiction- wie Horrorfilme der 30er bis 50er Jahre bietet DER Kultfilm schlechthin, der die Verfilmung eines gelungenen Musicals ist und inhaltlich vor allem auf „Frankenstein" Bezug nimmt. (*Titel des Musicals oder des Films*)

Von der (Theater)bühne auf die Leinwand verlief gleichermaßen der Weg von „Arsen und Spitzenhäubchen". Darin geht es gleich um mehrere SerienkillerInnen und weitere schräge Zeitgenossen. Jonathan Brewster wurde auf den Theaterbrettern von einem Briten dargestellt, dessen fast sprichwörtliche schaurige Präsenz im Stück wie im Film gleichermaßen als Running Gag fungierte. (*Name des Darstellers*)

Längst nicht so stilsicher und schon gar nicht subtil, dafür mit ungezählten Anspielungen auf neuere und (selten) klassische Horror- und Science-Fiction-Werke und zwischendrin immer wieder witzigen Passagen präsentiert sich eine fünfteilige Reihe, die in der Zeit von 2000 bis 2013 entstand. (*Name der Reihe*)

Deutlich amüsanter waren zwei Fernsehserien der 60er, wobei die von mir leicht favorisierte schlechter gealtert zu sein scheint, als die gerade wieder einmal neubearbeitete (diesmal animiert) zweite der beiden. Die titelgebenden Familien dieser TV-Komödien mit jeweils Eltern, zwei Kindern und weiteren Haushaltsangehörigen wie Opa Sam Dracula, Onkel Fester oder dem eiskalten Händchen, erweisen sich dabei als einfallsreich bei dem Versuch, ein „normales" Kleinstadtleben zu führen. (*Titel der TV-Serien*)

Weil er viele Elemente der Universal-Frankensteine übernahm, geriet Mel Brooks´ „Frankenstein Junior" zu einer der sehenswertesten Horrorkomödien. Neben Handlungselementen lehnt sich auch die Ausstattung an das Original an. Kein Wunder: Der Trickspezialist mit dem textil klingenden Namen, der schon 1931 die Laboreinrichtungen und die Apparaturen zur Erschaffung der Kreatur entworfen hatte, war 1974 wieder am Werk. (*Name des Trickspezialisten*)

Sicherlich ist Roman Polanskis „Tanz der Vampire" der Champion unter den Komödien und Parodien, dabei in manchen Szenen gruseliger als viele ernsthafte Vertreter des Genres, bestens unterstützt durch Krzysztof Komedas brillanten Score. Die Leading Lady und somit das bevorzugte Opfer des vampirischen Grafen wurde von Polanskis späterer Ehefrau dargestellt, die wenige Jahre darauf für traurige Schlagzeilen als ein Opfer der Manson Family sorgte. (*Name der Darstellerin UND Name des Vampirfürsten*)

Für die Musik zum späteren Musical gleichen Titels zeichnete Jim Steinman verantwortlich, der auch für Marvin Lee Aday tätig war. Unter einem Pseudonym brachte dieser mit „Bat out of Hell" eines der meistverkauften Rock-Alben aller Zeiten heraus, komplett von Steinman komponiert. (*Pseudonym Marvin Lee Adays*)

Marvin Lee Aday und Shaun Murphy 1971

Die Abschlussfrage bleibt einem „Klassiker" des Horror-Comics überlassen: In den „Gespenster-Geschichten" trieben über 30 Jahre lang in mehr als 1600 Ausgaben übernatürliche Exemplare aller Couleur ihren Schabernack. Qualitativ sehr unterschiedlich, waren die Hefte für meine Generation unverzichtbarer Bestandteil der Horror-Sozialisation. Mit welchen Worten wurden fast alle Stories beendet?

Filmografie

Die Filmografie umfasst die im Fragetext und in den Lösungen erwähnten phantastischen Filme und Serien, ungeachtet ihrer filmhistorischen Bedeutung.

R = Regie, B = Drehbuch, D = Darsteller

Ab in die Ewigkeit (Happy Birthday To Me). CAN 1981. R: J. Lee Thompson. D: Melissa Sue Anderson, Glenn Ford.

Abbott und Costello treffen Frankenstein (Bud Abbott Lou Costello Meet Frankenstein). USA 1948. R: Charles Barton. D: Bud Abbott, Lou Costello, Lon Chaney Jr., Bela Lugosi, Glenn Strange, Vincent Price.

American Horror Story. USA 2011- . Bisher 113 Folgen. D: Evan Peters, Sarah Paulson, Kathy Bates, Jessica Lange, Angela Bassett, Emma Roberts.

American Werewolf (An American Werewolf In London). GB/USA 1981. R: John Landis.

Amityville Horror (The Amityville Horror). USA 1979. R: Stuart Rosenberg. D: James Brolin, Margot Kidder, Rod Steiger, Helen Shaver.

Angel Heart. GB/Kanada/USA 1987. R: Alan Parker. D: Mickey Rourke, Robert De Niro, Lisa Bonet, Charlotte Rampling.

Arachnophobia. USA 1990. R: Frank Marshall. D: Jeff Daniels, John Goodman, Julian Sands, Henry Jones.

Asylum. GB 1972. R: Roy Ward Baker. B: Robert Bloch. D: Richard Todd, Peter Cushing, Britt Ekland, Charlotte Rampling, Herbert Lom, Patrick Magee, Robert Powell.

Augen der Angst (Peeping Tom). GB 1960. R: Michael Powell. D: Karlheinz Böhm.

Außergewöhnliche Geschichten (Histoires Extraordinaires). F/I 1968. R: Federico Fellini, Louis Malle, Roger Vadim. D: Brigitte Bardot, Alain Delon, Jane Fonda, Terence Stamp, James Robertson Justice, Peter

Fonda, Vincent Price, Maurice Ronet.

Ben. USA 1972. R: Phil Karlson. D: Arthur O´Connell.

Der Biss der Schlangenfrau (The Lair Of The White Worm). GB 1988. R, B: Ken Russell. D: Amanda Donohue, Hugh Grant.

Blacula. USA 1972. R: William Crain. D: William Marshall, Elisha Cook Jr..

Blair Witch Project (The Blair Witch Project). USA 1999. R, B: Daniel Myrick, Eduardo Sánchez.

Blood Feast. USA 1963. R: Herschell Gordon Lewis.

Bloodsucking Freaks (The Incredible Torture Show). USA 1976. R: Joel M. Reed.

Blutgericht in Texas (The Texas Chain Saw Massacre). USA 1974. R: Tobe Hooper.

Blutiger Valentinstag (My Bloody Valentine). CAN 1981. R: George Mihalka.

Braindead. NZ 1992. R, B: Peter Jackson.

Die Braut (The Bride). GB/USA 1985. R: Franc Roddam. D: Sting, Jennifer Beals, Anthony Higgins, Clancy Brown, David Rappaport, Geraldine Page, Veruschka von Lehndorff, Cary Elwes.

Die Braut des Teufels (The Devil Rides Out). GB/USA 1968. R: Terence Fisher. D: Christopher Lee, Charley Gray.

Buffy: Im Bann der Dämonen (Buffy The Vampire Slayer). USA 1997-2003. 144 Folgen. D: Sarah Michelle Gellar, Alyson Hanngan, David Boreanaz.

Das Cabinet des Dr. Caligari. D 1920. R: Robert Wiene. D: Werner Krauss, Conrad Veidt, Lil Dagover.

Charmed – Zauberhafte Hexen (Charmed). USA 1998-2006. 179 Folgen. D: Holly Marie Combs, Alyssa Milano, Rose

McGowan, Shannen Doherty, Julian McMahon.

Chucky - Die Mörderpuppe (Child´s Play). USA 1988. R: Tom Holland. D: Catherine Hicks, Chris Sarandon, Brad Dourif.

Color Me Blood Red. USA 1965. R, B: Herschell Gordon Lewis.

Comtesse des Grauens (Countess Dracula). GB 1971. R: Peter Sasdy. D: Ingrid Pitt, Nigel Green, Lesley-Anne Down.

Conjuring – Die Heimsuchung (The Conjuring). USA 2013. R: James Wan. D: Vera Farmiga, Patrick Wilson, Lili Taylor.

Dark Shadows. USA 1966-1971. 1225 Folgen. D: Jonathan Frid, Joan Bennett, Kate Jackson.

Dark Shadows. USA/AUS/GB 2012. R: Tim Burton. D: Johnny Depp, Michelle Pfeiffer, Helena Bonham Carter, Eva Green, Jackie Earle

Haley, Jonny Lee Miller, Chloe Grace Moretz, Christopher Lee, Alice Cooper, Jonathan Frid.

The Dead Don´t Die. USA/S/ZA 2019. R, B: Jim Jarmusch. D: Bill Murray, Adam Driver, Tom Waits, Chloë Sevigny, Steve Buscemi, Danny Glover, Carol Kane, Tilda Swinton, Iggy Pop, Selena Gomez.

Dracula. GB 1958. R: Terence Fisher. B: Jimmy Sangster. D: Peter Cushing, Christopher Lee, Michael Gough.

Draculas Hexenjagd (Twins Of Evil). GB 1971. R: John Hough. D: Peter Cushing, Damien Thomas, Dennis Price.

Die drei Gesichter der Furcht (I Tre Volti Della Paura). I/F/USA 1963. R, B: Mario Bava. D: Michèle Mercier, Boris Karloff.

End Of Days (End Of Days – Nacht ohne Morgen). USA 1999. R: Peter Hyams. D: Arnold Schwarzenegger,

Gabriel Byrne, Robin Tunney, Udo Kier, Rod Steiger.

Erben des Fluchs (Friday The 13th: The Series). CAN 1987-1990. 72 Folgen.

Der Exorzist (The Exorcist). USA 1973. R: William Friedkin. D: Ellen Burstyn, Max von Sydow, Lee J. Cobb, Jack MacGowran, Linda Blair, Rudolf Schündler.

Die Fliege (The Fly). USA/GB/CAN 1986. R: David Cronenberg. D: Jeff Goldblum, Geena Davis.

Der Fluch des Dämonen (Night Of The Demon). GB 1957. R: Jacques Tourneur. D: Dana Andrews, Niall MacGinnis, Maurice Denham, Percy Herbert.

Der Foltergarten des Dr. Diabolo (Torture Garden). GB 1967. R: Freddie Francis. B: Robert Bloch. D: Jack Palance, Burgess Meredith, Peter Cushing, Michael Ripper, Niall MacGinnis.

Formicula (Them!). USA 1954. R: Gordon Douglas. D: James Whitmore, Edmund Gwenn, James Arness.

Frankenstein. USA 1931. R: James Whale. D: Boris Karloff, Edward Van Sloan, Dwight Frye.

Frankenstein Junior (Young Frankenstein). USA 1974. R: Mel Brooks. B: Gene Wilder, Mel Brooks. D: Gene Wilder, Peter Boyle, Marty Feldman, Madeline Kahn, Cloris Leachman, Teri Garr, Kenneth Mars, Gene Hackman, Mel Brooks.

Frankensteins Braut (Bride Of Frankenstein). USA 1935. R: James Whale. D: Boris Karloff, Colin Clive, Elsa Lanchester, Dwight Frye, Walter Brennan, John Carradine.

Die Frau in Schwarz (The Woman In Black). GB/USA/CAN/S 2012. R: James Watkins. D: Daniel Radcliffe, Ciarán Hinds.

Freaks – Missgestaltete (Freaks). USA 1932. R: Tod Browning.

Freitag, der 13. (Friday The 13th). USA 1980. R: Sean S. Cunningham. D: Betsy Palmer, Kevin Bacon, Tom Savini.

Frightmare – Alptraum (Frightmare). GB 1974. R: Pete Walker. D: Rupert Davies, Sheila Keith.

Gruft der Vampire (The Vampire Lovers). GB 1970. R: Roy Ward Baker. D: Ingrid Pitt, Peter Cushing, Jon Finch, Ferdy Mayne.

Halloween – Die Nacht des Grauens (Halloween). USA 1978. R, B: John Carpenter. D: Donald Pleasence, Jamie Lee Curtis.

Das Haus auf dem Geisterhügel (House On Haunted Hill). USA 1959. R: William Castle. D: Vincent Price, Elisha Cook Jr..

Das Haus der Peitschen (House Of Whipcord). GB 1974. R: Pete Walker. D: Sheila Keith.

Das Haus der 1000 Leichen (House Of 1000 Corpses). USA 2003. R, B: Rob Zombie. D: Karen Black.

Hellraiser – Das Tor zur Hölle (Hellraiser). GB 1987. R, B: Clive Barker.

Der Hexenjäger (Witchfinder General). GB/USA 1968. R: Michael Reeves. D: Vincent Price, Rupert Davies.

Horror Attack (Necromancy). USA 1972. R: Bert I. Gordon. D: Orson Welles, Pamela Franklin.

Horror infernal (Inferno). I 1980. R, B: Dario Argento. D: Alida Valli.

Ich folgte einem Zombie (I Walked With A Zombie). USA 1943. R: Jacques Tourneur. D: Frances Dee.

Im Bann des weissen Zombies (White Zombie). USA 1932. R: Victor Halperin. D: Bela Lugosi.

Im Blutrausch des Satans (Ecologia Del Delitto). I 1971.

R, B: Mario Bava. D: Claudine Auger.

Im Rampenlicht des Bösen (The Flesh And Blood Show). GB/USA 1972. R: Pete Walker.

In der Gewalt der Riesenameisen (Empire Of The Ants). USA 1977. R: Bert I. Gordon. D: Joan Collins, Albert Salmi.

Inkubo (Incubus). USA 1966. R: Leslie Stevens. D: William Shatner.

iZombie. USA 2015-2019. 71 Folgen. D: Rose McIver.

Jessy – Die Treppe in den Tod (Black Christmas). CAN 1974. R: Bob Clark. D: Olivia Hussey, Keir Dullea, Margot Kidder, John Saxon.

Katzenmenschen (Cat People). USA 1942. R: Jacques Tourneur.

Katzenmenschen (Cat People). USA 1982. R: Paul Schrader. D: Nastassja Kinski, Malcolm McDowell, John Heard,

Annette O´Toole, John Larroquette, Ray Wise.

Der Killer von Wien (Lo Strano Vizio Della Signora Wardh). I/E/A 1971. R: Sergio Martino. D: George Hilton, Edwige Fenech.

Der Leichendieb (The Body Snatcher). USA 1945. R: Robert Wise. D: Boris Karloff, Bela Lugosi, Henry Daniell.

Leprechaun – Der Killerkobold (Leprechaun). USA 1993. R: Mark Jones. D: Warwick Davis, Jennifer Aniston.

Let Me In. GB/USA 2010. R: Matt Reeves. D: Chloe Grace Moretz, Richard Jenkins, Elias Koteas.

The Limehouse Golem – Das Monster von London (The Limehouse Golem). GB 2016. R: Juan Carlos Medina. D: Olivia Cooke, Bill Nighy.

M/M - Eine Stadt sucht einen Mörder. D 1931. R: Fritz Lang. B: Thea von Harbou, Fritz Lang. D: Peter Lorre, Otto

Wernicke, Gustaf Gründgens, Theo Lingen.

Mad Love. USA 1935. R: Karl Freund. D: Peter Lorre, Colin Clive, Keye Luke.

Der Magier (The Magician). USA 1926. R, B: Rex Ingram. D: Paul Wegener.

Malpertuis. B/F/BRD 1972. R: Harry Kümel. D: Orson Welles, Michel Bouquet, Mathieu Carrière, Jean-Pierre Cassel, Walter Rilla.

Mega Piranha. USA 2009. R: Eric Forsberg, Stuart Gillard.

Mord an der Themse (Murder By Decree). GB/CAN 1979. R: Bob Clark. D: Christopher Plummer, James Mason, David Hemmings, Susan Clark, Anthony Quayle, John Gielgud, Frank Finlay, Donald Sutherland, Geneviève Bujold.

Mörderisch (Homicidal). USA 1961. R: William Castle.

Mörderspinnen (Kingdom Of The Spiders). USA 1977. R: John „Bud" Cardos. D:

William Shatner, Woody Strode.

The Mortuary – Jeder Tod hat eine Geschichte (The Mortuary Collection). USA 2019. R, B: Ryan Spindell. D: Clancy Brown.

Mother Of Tears (La Terza Madre). I 2007. R, B: Dario Argento. D: Asia Argento, Udo Kier.

Die Mumie (The Mummy). USA 1932. R: Karl Freund. D: Boris Karloff, Edward Van Sloan.

Die Mumie (The Mummy). USA/CHI/JAP 2017. R: Alex Kurtzman. D: Tom Cruise, Russell Crowe.

Muttertag (Mother´s Day). USA 1980. R: Charles Kaufman.

Die Nacht der lebenden Toten (Night Of The Living Dead). USA 1968. R, B: George A. Romero.

Die Nacht der reitenden Leichen (La Noche Del Terror

Ciego). E/P 1972. R: Amando de Ossorio.

Die Nacht der unheimlichen Bestien (The Killer Shrews). USA 1959. R: Ray Kellogg. D: Ken Curtis.

Nächte des Grauens (The Plague Of The Zombies). GB/USA 1966. R: John Gilling. D: André Morell, Michael Ripper.

Nachts, wenn die Leichen schreien (The Devil's Rain). MEX/USA 1975. R: Robert Fuest. D: Ernest Borgnine, Eddie Albert, Ida Lupino, William Shatner, Tom Skerritt, John Travolta, Anton LaVey.

Nightmare – Mörderische Träume (A Nightmare On Elm Street). USA 1984. R, B: Wes Craven. D: John Saxon, Johnny Depp, Robert Englund.

Nosferatu, eine Symphonie des Grauens. D 1922. R: F.W. Murnau. D: Max Schreck.

Nosferatu – Phantom der Nacht. BRD/F 1979. R, B: Werner Herzog. D: Klaus Kinski, Isabelle Adjani, Bruno Ganz.

Nur Vampire küssen blutig (Lust For A Vampire). GB 1971. R: Jimmy Sangster. D: Ralph Bates.

Das Omen (The Omen). GB/USA 1976. R: Richard Donner. D: Gregory Peck, Lee Remick, David Warner.

Das Pendel des Todes (Pit And The Pendulum). USA 1961. P, R: Roger Corman. D: Vincent Price, Barbara Steele.

Penny Dreadful. IRL/GB/USA 2014-2016. 27 Folgen. D: Timothy Dalton, Eva Green, Josh Hartnett.

Das Phantom der Oper (The Phantom Of The Opera). USA 1925. R: Rupert Julian, Lon Chaney, Ernst Laemmle, Edward Sedgwick. D: Lon Chaney.

Poltergeist. USA 1982. R: Tobe Hooper. B: Steven Spielberg. D: Craig T. Nelson, JoBeth Williams.

Prom Night – Das Grauen kommt um Mitternacht (Prom Night). CAN 1980. R: Paul Lynch. D: Leslie Nielsen, Jamie Lee Curtis.

Psycho. USA 1960. R: Alfred Hitchcock. D: Anthony Perkins, Vera Miles, Janet Leigh, Martin Balsam, John McIntire.

Rabbits (Night Of The Lepus). USA 1972. R: William F. Claxton. D: Stuart Whitman, Janet Leigh, Rory Calhoun, DeForest Kelley, Paul Fix.

Die Rache der schwarzen Spinne (Earth Vs The Spider). USA 1958. R: Bert I. Gordon.

Das Relikt (The Relic). GB/D/J/USA 1997. R: Peter Hyams. D: Penelope Ann Miller, Tom Sizemore, Linda Hunt, James Whitmore.

Rhea M. – Es begann ohne Warnung (Maximum Overdrive). USA 1986. R, B: Stephen King. D: Emilio Estevez.

Rosemaries Baby (Rosemary´s Baby). USA 1968. R, B: Roman Polanski. D: Mia Farrow, John Cassavetes, Ruth Gordon, Ralph Bellamy, Elisha Cook Jr., Charles Grodin.

Die Schlangengrube und das Pendel. BRD 1967. R: Harald Reinl. D: Lex Barker, Karin Dor, Christopher Lee, Christiane Rücker, Dieter Eppler.

Der Schrecken vom Amazonas (Creature From The Black Lagoon). USA 1954. R: Jack Arnold. D: Julie Adams, Whit Bissell.

Schrei, wenn der Tingler kommt (The Tingler). USA 1959. R: William Castle. D: Vincent Price.

Der Schwanz des Skorpions (La Coda Dello Scorpione). I/E/GB 1971. R: Sergio Martino. D: George Hilton.

Das schwarze Reptil (The Reptile). GB 1966. R: John Gilling. D: Michael Ripper.

Sharknado – Genug gesagt! (Sharknado). USA 2013. R: Anthony C. Ferrante. D: Tara Reid, John Heard.

Sherlock Holmes' größter Fall (A Study In Terror). GB 1965. R: James Hill. D: John Neville, Anthony Quayle, Frank Finlay, Judi Dench, Charles Regnier, Robert Morley.

Shining (The Shining). GB/USA 1980. R: Stanley Kubrick. B: Stanley Kubrick, Diane Johnson. D: Jack Nicholson, Shelley Duvall.

Sixth Sense (The Sixth Sense). USA 1999. R, B: M. Night Shyamalan. D: Bruce Willis, Hayley Joel Osment, Toni Collette, Donnie Wahlberg.

Sleepy Hollow. D/USA 1999. R: Tim Burton. D: Johnny Depp, Christina Ricci, Miranda Richardson, Michael Gambon, Michael Gough, Christopher Walken, Christopher Lee, Martin Landau.

So finster die Nacht (Lat Den Rätte Komma In). S 2008. R: Tomas Alfredson.

Die Stunde, wenn Dracula kommt (La Maschera Del Demonio). I 1960. R, B: Mario Bava. D: Barbara Steele.

Supernatural: Zur Hölle mit dem Bösen (Supernatural). USA/Can 2005-2020. 327 Folgen. D: Jared Padalecki, Jensen Ackles.

Suspiria: In den Krallen des Bösen (Suspiria). I 1977. R, B: Dario Argento. D; Jessica Harper, Rudolf Schündler, Udo Kier, Alida Valli, Joan Bennett.

Sweeney Todd: Der teuflische Barbier aus der Fleet Street (Sweeney Todd: The Demon Barber Of Fleet Street). USA/GB 2007. R: Tim Burton. D: Johnny Depp, Helena Bonham Carter, Alan Rickman, Sacha Baron Cohen.

Tanz der Teufel (The Evil Dead). USA 1981. R: Sam Raimi. D: Bruce Campbell.

Tanz der toten Seelen (Carnival Of Souls). USA 1962. R: Herk Harvey.

Tanz der Vampire (Dance Of The Vampires). GB/PL 1967. R, B: Roman Polanski. D: Jack MacGowran, Roman Polanski, Alfie Bass, Sharon Tate, Ferdy Mayne.

Tarantula. USA 1955. R: Jack Arnold. D: John Agar, Leo G. Carroll, Clint Eastwood.

Das Testament des Dr. Cordelier (Le Testament Du Docteur Cordelier). F 1959. R, B: Jean Renoir. D: Jean-Louis Barrault.

Theater des Grauens (Theater Of Blood). GB 1973. R: Douglas Hickox. D: Vincent Price, Diana Rigg, Harry Andrews, Jack Hawkins, Michael Hordern, Robert Morley, Dennis Price, Diana Dors.

Das Tier (The Howling). USA 1981. R: Joe Dante. D: Dee Wallace, Patrick Macnee, Kevin McCarthy, John Carradine, Dick Miller, Roger Corman.

Die Todeskarten des Dr. Schreck (DR. Terror´s House Of Horrors). GB 1965. R: Freddie Francis. D: Peter Cushing, Bernard Lee, Christopher Lee, Michael Gough, Donald Sutherland.

Traum ohne Ende (Dead Of Night). GB 1945. R: Alberto Cavalcanti, Charles Crichton, Basil Dearden, Robert Hamer. D: Michael Redgrave.

Two Thousand Maniacs!. USA 1964. R, B: Herschell Gordon Lewis.

Der unheimliche Gast (The Uninvited). USA 1944. R: Lewis Allen. D: Ray Milland, Ruth Hussey, Donald Crisp.

Vampirella. USA 1996. R: Jim Wynorski. D: Talisa Soto, Roger Daltrey.

Die Verfluchten (House Of Usher). USA 1960. P, R: Roger Corman. D: Vincent Price.

Die Vögel (The Birds). USA 1963. R: Alfred Hitchcock. B: Evan Hunter. D: Rod Taylor, Jessica Tandy, Suzanne Pleshette, Tippi Hedren, Veronic Cartwright.

The Walking Dead. USA 2010- . Bisher 161 Folgen.

Der weiße Hai (Jaws). USA 1975. R: Steven Spielberg. D: Roy Scheider, Robert Shaw, Richard Dreyfuss.

Die Wespenfrau (The Wasp Woman). USA 1959. R: Roger Corman. D: Susan Cabot.

The Wicker Man. GB 1973. R: Robin Hardy. D: Edward Woodward, Christopher Lee, Diane Cilento, Britt Ekland, Ingrid Pitt.

Willard. USA 1971. R: Daniel Mann. D: Bruce Davison, Elsa Lanchester, Sondra Locke, Ernest Borgnine.

The Wizard Of Gore. USA 1970. R: Herschell Gordon Lewis.

Wolfman (The Wolfman). USA 2010. R: Joe Johnston. D: Emily Blunt, Benicio Del Toro, Anthony Hopkins, Geraldine Chaplin, Hugo Weaving.

Der Wolfsmensch (The Wolf Man). USA 1941. R: George Waggner. D: Claude Rains, Ralph Bellamy, Bela Lugosi, Lon Chaney Jr..

Woodoo – Die Schreckensinsel der Zombies (Zombi 2). I 1979. R: Lucio Fulci. D: Richard Johnson, Olga Karlatos.

Zombiber (Zombeavers). USA 2014. R: Jordan Rubin.

Zombie (Dawn Of The Dead). USA/I 1978. R, B: George A. Romero.

Zombieland. USA 2009. R: Ruben Fleischer. D: Jesse Eisenberg, Woody Harrelson, Emma Stone, Abigail Breslin, Amber Heard, Bill Murray.

Zoombies. USA 2016. R: Glenn Miller.

Quellen

actionfreunde.de
alleyways.de
evil-ed.de
faz.net
groschenhefte.net
gruselromane.de
horrorfilme-portal.de
horrormagazin.de
imdb.com
luther2017.de
monstrula.de
moviepilot.de
mysterytribune.com
phantastik-couch.de
schnittberichte.com
science-fiction-filme.com
theguardian.com
tor-online.de
welt.de
de.wikipedia.org
en.wikipedia.org
zauberspiegel-online.de
zeno.org
zdf.de

Bildnachweise

S. 26: Will Hart, Flickr: Robert Bloch with His Award.jpg. 10 1st. Science Fiction, Horror and Fantasy Awards Luncheon 05-Dec-76 Robert Bloch with His Award

S. 45: Rob33703, Originalfoto: IM guitars.jpg. From L to R, Adrian Smith, Dave Murray, and Janick Gers play in Quebec City, July 16, 2017

S. 50: Alan Light, Originalfoto: Don Johnson & Melanie Griffith.jpg. Melanie Griffith and Don Johnson at the APLA benefit, 9/7/90 (revised) https://www.flickr.com/photos/alan-light/253554797/

Alle anderen Abbildungen gemeinfrei/Public Domain

Lösungen

Seite 7: Lichtträger ODER Lichtbringer, The Alan Parsons Project, Johann Georg Faust ODER Dr. Heinrich Faust, Pudel, Gustaf Gründgens, **Seite 8**: Klaus Maria Brandauer, Ghost Rider, **Seite 9**: Herr der Fliegen, Hieronymus Bosch, **Seite 10**: Tintenfass, Angel Heart/Timm Thaler (oder Das verkaufte Lachen), **Seite 11**: Thomas „Tommi" Ohrner, Göttliche Komödie/Dante (Alighieri), Franz Liszt/Dan Brown, **Seite 12**: Ernst Theodor Amadeus (E.T.A.) Hoffmann, Schwanensee ODER Dornröschen, **Seite 13**: Der Meister und Margarita, **Seite 14**: Schöne neue Welt, Krzysztof Penderecki, **Seite 15**: The Rolling Stones, Black Metal, Bathory, **Seite 16**: Arnold Schwarzenegger, Rosemaries Baby, **Seite 17**: Das Haus auf dem Geisterhügel ODER Mörderisch ODER Schrei, wenn der Tingler kommt, Das Omen, **Seite 18**: Rottweiler, 666, Jerry Goldsmith, Adam Sandler, **Seite 19**: Terry Pratchett/Neil Gaiman, Anton Szandor LaVey, **Seite 20**: John Travolta, **Seite 21**: Templer(orden) ODER Tempelritter, Die Nacht der reitenden Leichen, **Seite 22**: Aleister Crowley, **Seite 23**: Der Magier/Die Braut des Teufels, Dennis Wheatley, Grimoire, **Seite 24**: Tanz der Teufel, **Seite 25**: Call of Cthulhu, August Derleth, **Seite 26**: Robert Bloch, Norman Bates, Brian Lumley, **Seite 27**: Der König in Gelb, **Seite 28**: Robinson Crusoe, **Seite 29**: Ambrose Bierce, **Seite 30**: Tanz der toten Seelen, **Seite 31**: Die Blumen des Bösen, Die Affenpfote, **Seite 32**: Weird Tales, Harry Houdini, **Seite 33**: Tales From The Crypt, MAD, **Seite 34**: Traum ohne Ende, Amicus (Productions), The Mortuary, Gabriel Burns, **Seite 35**: Justus Jonas/Peter Shaw/Bob Andrews, Scooby-Doo, Der Fluch des Dämonen, **Seite 36**: William Peter Blatty/Der Exorzist, Spider-Walk, Dämonenkiller, **Seite 37**: Clive Barker/Zenobiten, Dschinn, **Seite 38**: Aladdin/Bezaubernde Jeannie, Buch der Schatten, **Seite 39**: Charmed, Odysseus, Hexenhammer ODER Malleus maleficarum, Der Hexenjäger, **Seite 40**: Roger Corman, **Seite 41**: Nimmermehr, **Seite 42**: Orson Welles, **Seite 43**: Edogawa Rampo, Federico Fellini ODER Louis Malle ODER Roger Vadim, Die Schlangengrube und das Pendel, **Seite 44**: Michael Jackson/Thriller, Edward mit den Scherenhänden, Bela Lugosi, **Seite**

Twilight, **Seite 89**: Mary Wollstonecraft Shelley/Gothic, **Seite 90**: Der Biss der Schlangenfrau, Boris Karloff/Jack Pierce, **Seite 91**: Sting, Dwight Frye, **Seite 92**: Sennentuntschi, **Seite 93**: Gustav Meyrink/Rabbi Löw, **Seite 94**: Die Frau in Schwarz, Thomas Harris/Anthony Hopkins, **Seite 95**: Sherlock Holmes´ größter Fall ODER Mord an der Themse, Alan Moore, **Seite 96**: Lulu/Alban Berg, **Seite 97**: M/Edvard Grieg, **Seite 98**: Peeping Tom, **Seite 99**: Sissi, **Seite 100**: Leatherface, Final Girl, **Seite 101**: Black Christmas, Giallo, Sergio Martino, **Seite 102**: William Shatner/Jamie Lee Curtis, Jason Voorhees/Kevin Bacon, Crystal Lake, **Seite 103**: Erben des Fluchs, Johnny Depp/Fred(dy) Krueger, **Seite 104**: Troma (Entertainment), Herschell Gordon Lewis, Blood Feast ODER Two Thousand Maniacs! ODER Color Me Blood Red, **Seite 105**: Scream ODER (Der) Schrei, (American Horror Story:) 1984, Treehouse Of Horror, Jigsaw, **Seite 106**: H.H. Holmes, **Seite 107**: Supernatural, Curt ODER Robert Siodmak, **Seite 108**: Das Tier, Rick Baker, Paul Naschy/Waldemar Daninsky, Pakt der Wölfe, **Seite 109**: Emma Watson, Katzenmenschen, Giorgio Moroder, **Seite 110**: H.G. Wells, **Seite 111**: Charles Laughton ODER Burt Lancaster ODER Marlon Brando, Das schwarze Reptil, Die Wespenfrau, David Cronenberg, **Seite 112**: Karl Freund/Mad Love, **Seite 113**: Tom Cruise, Die sieben Finger des Todes ODER The Jewel Of Seven Stars, **Seite 114**: Die Schatzinsel, **Seite 115**: Das Testament des Dr, Cordelier/Jean Renoir, **Seite 116**: Dr. Robert Knox ODER William Burke und William Hare, Gaston Leroux/Paris, **Seite 117**: Lon Chaney, Andrew Lloyd Webber, **Seite 118**: Hanns Heinz Ewers, Oscar Wilde/Sybil Vane, „Incubus" wurde in Esperanto gedreht, **Seite 119**: Succubus, Dr. Morton, Svengali, Das Cabinet des Dr. Caligari, **Seite 120**: Rick Blaine ODER Ilsa Lund ODER Viktor Laszlo ODER Louis Renault ODER Signor Ferrari ODER Ugarte ODER Sam), Ray Bradbury, **Seite 121**: Freaks, **Seite 122**: Coulrophobie, Pennywise, John Wayne Gacy, Maine, **Seite 123**: Carrie/Richard Bachman, Shining/Jack Nicholson, Die Verurteilten, **Seite 124**: Rita Hayworth, Rhea M. – Es begann ohne Warnung, **Seite 125**: Der Dunkle Turm, (Théâtre du) Grand Guignol, **Seite 126**: Hamburg, William Shakespeare, Frightmare ODER Das Haus der Peitschen, Chucky, **Seite 127**: Jennifer Aniston,

Pixies, Klabautermann/Gremlins, **Seite 128**: Banshee/Kelpie, Yeti/Bigfoot ODER Sasquatch, Chupacabra, **Seite 129**: Batman, Aswang, Gargoyle, Wolpertinger, Die Monster AG, **Seite 130**: Ricou Browning/Flipper, **Seite 131**: Skull Island, **Seite 132**: „Nennt mich Ismael", **Seite 133**: Jaws, Oskar Sala, James Cameron, **Seite 134**: The Asylum/Sharknado, Formicula, Tarantula/Clint Eastwood, **Seite 135**: Mörderspinnen/Arachnophobia, Bert I. Gordon, **Seite 136**: Willard ODER Ben, Frankensteins Braut, **Seite 137**: James Herbert, Rabbits/Die Nacht der unheimlichen Bestien, Douglas Preston/Lincoln Child/Stan Winston/Kothoga, **Seite 138**: Cujo, The Rocky Horror (Picture) Show, Boris Karloff, Scary Movie, **Seite 139**: Die Munsters/Die Addams Family, Kenneth Strickfaden, **Seite 140**: Sharon Tate/Graf Krolock, Meat Loaf, **Seite 141**: Seltsam? Aber so steht es geschrieben …